KB273944

잊고사는것의
홀가분

나를 가볍게 해주는 1분 망각 긍정 심리학

잊고 사는 것의 홀가분

이시이 다카시 지음
윤미란 옮김

당신은 아첨이나 비난에 얽매여서는 안 된다.

어느 쪽에 사로잡히든,

그것은 당신에게 커다란 약점이 된다.

존 로버트 우든 John Robert Wooden

망각술을 익히면 1분 만에 짜증나는 일을 잊을 수 있다

"오늘도 또 짜증나는 일이 있었어. 아무것도 하기 싫어."

거의 매일 마음 상하는 일이 생기고, 그럴 때마다 의기소침해지는

사람이 있다.

그러나,

"오늘도 또 짜증나는 일이 있었어. 하지만 밝고 긍정적으로 생각

하자!"라며 짜증나는 일이 있어도 금세 떨쳐버리고 웃는 사람

이 있다.

이 차이는 대체 어디에서 생기는 것일까?

"짜증나는 일이 있어도 웃을 수 있는 사람은 분명 어딘가 둔할

거야!"라는 편견을 가지고 바라본다면, 당신의 인생은 변하지

않을 것이다.

"타고나길 무신경해서 좋겠다!"라고 유전자에 차이가 있다고 단

정한다면, 당신은 더 이상 발전하지 못한다.

짜증나는 일은 누구에게나 일어난다.

평생 쓸 수 없을 만큼 돈이 많은 빌 게이츠조차도 짜증나는 일은 일어날 것이고, 일본의 유명한 야구 스타인 이치로 선수에게도 짜증나는 일은 발생한다.

다만, 짜증나는 일이 일어난 후에 바로 긍정적인 사고로 전환하는 사람이 있는가 하면, 소극적인 사고로 대처하는 사람이 있다는 점이 다를 뿐이다.

이는 감성이 발달하였거나 혹은 무뎌서가 아니며, 선천적으로 유전자가 다르기 때문도 아니다.

차이점은 단 하나이다.

싫은 일을 즉시 잊어버리는 '망각술'을 알고 있는가의 여부이다.

당신이 만약에 직장인이라면,

  '잘못한 일이 없는데 상사에게 혼났어, 그 일이 자꾸만 생각나서 일이 손에 잡히지 않아'라는 생각을 해본 경험은 누구에게나 있을 것이다.

하지만 반대로 당신은 학창시절에

  '아무리 영어 단어를 열심히 외워도 금방 잊어버려. 나는 왜 이렇게 기억력이 나쁜 것일까?'라고 느낀 적이 있을 것이다.

언뜻 보면 당연한 일이라고 생각하겠지만, 조금만 깊이 생각해보면 어딘가 이상하지 않은가?

  '나쁜 일이 머릿속에서 잊혀지지 않는다'라고 하는 사람이, 동시에 '기억하고 싶은데 잊어버린다'라고 하다니 말이다.

싫은 일을 잊지 못한다면, 영어 단어도 잊지 않아야 한다. 반대로 영어 단어를 쉽게 잊는다고 한다면, 싫은 일도 금방 잊을 수 있어야 한다.

　“공부한 것은 잊어버리고, 짜증나는 것은 기억이 나는데 어쩔 수 없잖아!”라는 사람도 있을 수 있다.

그렇다면 이렇게 묻고 싶다.
“당신은 ‘올바른 기억의 메커니즘’을 알고 있는가?”
이 질문에 대부분의 사람은 “올바른 기억의 메커니즘 같은 건 모른다”라고 대답할 것이다.
당신이 짜증나는 것을 잊지 못하는 이유는 ‘올바른 기억의 메커니즘’을 모르기 때문이다.
망각술은 ‘올바른 기억의 메커니즘’과는 정반대이다.
따라서 이 메커니즘과 반대로 하는 것만으로도 당신은 ‘올바른 망각의 메커니즘'을 익힐 수 있다.

기억술에서 널리 알려진 도표가 있는데, 에빙하우스(헤르만 에빙하우스 Hermann Ebbinghaus – 기억 실험연구를 개척한 독일 심리학자)의 망각곡선이다(보다 자세한 내용은 『정말로 머리가 좋아지는 1분간 공부법』(KADOKAWA/中経出版)*을 참조).

이 곡선에 따르면 사람은 20분 후에 44퍼센트를 잊고 56퍼센트만 기억하게 된다.

1시간 후에는 55퍼센트를 잊고 약 44퍼센트만 기억한다.

그리고 하루가 지나면 74퍼센트를 잊고 26퍼센트밖에 기억하지 못

---

* 한국에서는 『머리가 좋아지는 1분 공부법』(황매, 2011)으로 출간되었다.

에빙하우스의 망각곡선

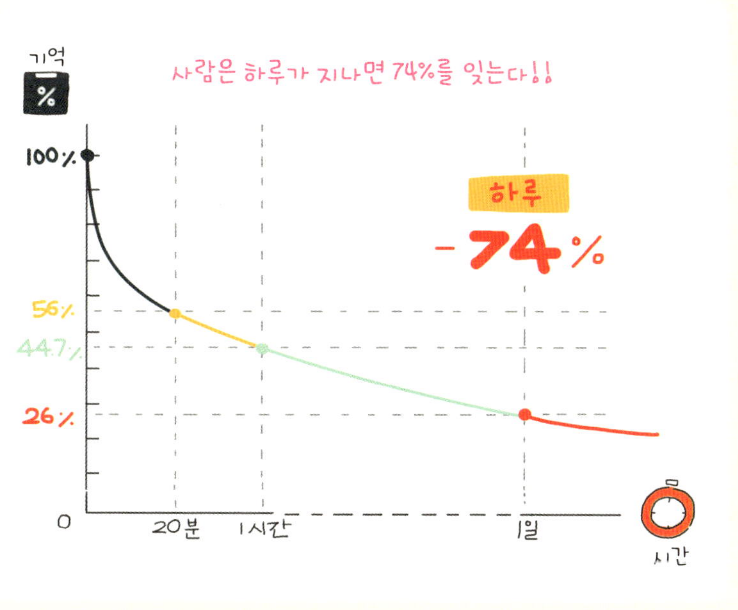

한다고 한다.

단순히 생각한다면, 짜증나는 일이 있어도 그 다음 날에는 74퍼센트는 잊게 된다는 말이다.

우리는 "시간이 해결해준다"라는 말을 자주 듣게 되는데, 정말 그렇다. 사람은 시간이 지나면 망각하게 되어있다.

어른이 되면 한 살 때의 기억을 간직한 사람은 없으며, 초등학생 때의 기억도 거의 잊게 된다.

그렇다! 당신은 짜증나는 일을 잊는 망각술을 이미 터득하고 있는 것이다.

"시간이 흐르면" 짜증나는 일은 잊혀지므로, '시간경과'라는 무기는 이미 손에 넣은 단계이다.

하지만 "괜찮아요. 짜증나는 일이 있어도 10년 후에는 기억하지 못할 테니까요"라고 하면 곤란하다.

왜냐하면 "가능하다면 지금 당장 잊고 싶다"라는 것이 당신의 바람이기 때문이다.

필자는 과거에 『정말로 머리가 좋아지는 1분간 공부법』이라는 책을 냈다. 이 책은 '어떻게 1분 만에 많은 것을 암기할 수 있을까?' 하는 '스피드 기억'을 강조한 책이었다.

그러나 이번에는 그 반대이다.

'어떻게 1분 만에 짜증나는 일을 망각할 수 있을까?' 하는 '스피드 망각'을 집중적으로 다루는 책이다.

암기의 달인은 망각의 달인이 될 수 있디

'시조놀이'의 달인은 시조의 초장, 중장, 종장을 단시간에 암기하기 때문에 '기억의 달인'이라고 사람들은 생각한다. 하지만 실은 그렇지 않다.

'시조놀이'에서 가장 어려운 것은 이전 시합의 카드 배치를 '잊는다'라는 것이다. 잊지 못한다면 '이전 시합의 카드 배치와 같을 것'이라고 뇌가 착각하여 손이 멋대로 움직이기 때문이다. 시조놀이의 달인은 '기억의 달인'인 동시에 '망각의 달인'이 되어야 한다.

짜증나는 일을 잊지 못하는 사람은 '기억의 달인'이 아니기 때문에 잊을 수 없다는 점을 이해하기 바란다.

그렇다. 당신은 '기억의 달인'이 아니기 때문에 '망각의 달인'이 될 수 없다.

레슬링에서는 기술을 거는 달인은 동시에 상대방의 기술에서 빠져나오는 달인이기도 하다. 복싱에서도 오른쪽 스트레이트만 달인이고 방어는 완전히 꽝인 챔피언은 없다. 완벽하게 방어를 할 수 있어야, 공격도 가능하다. '공수 일체형'이 기본이다.

짜증나는 일을 잊을 때에도 마찬가지다.

기억술의 천재라면, 망각술도 달인에 이를 수 있다.

반에서 일등만 하는 수재는 학교에서 짜증나는 일이 있어도 집에

돌아오면 바로 공부에 집중할 수 있는 것이 아닐까?

기억하는 것이 능숙하니까, 잊는 일도 숙련된 것이다.

망각술은 현대인의 필수 스킬이다

요즘은 '매일매일 해야 할 일에 쫓겨서 너무 바쁘다'라는 사람이 대

부분이다.

만약에 짜증나는 일을 잊을 수 없어서 낙담하고 있다면, 당신은 시

간을 낭비하고 있는 것이다. 활발하고 적극적으로 활동하는 1시간

이든, 낙담하여 우울하게 보내는 1시간이든, 결국은 모두에게 똑같은 1시간이 주어진다는 사실에는 변함이 없다.

그렇다면 짜증나는 일은 1분 안에 빨리 잊어버리고, 다른 일을 시작한다면 당신의 인생에 큰 이익이 될 것이다.

이 책은 짜증나는 일을 떨쳐버리지 못하고,
좀처럼 앞으로 나아가지도 못하는 당신을 위하여 쓰였다!

어차피 인생은 되돌아갈 수 없다.
짜증나는 일에 질질 끌려다니는 시간은 인생에서 무익한 시간이다.
그렇게 시간을 허비하기보다 즐거운 마음으로 시간을 쓰는 것이 당연히 도움이 된다.
어떤 이는 화가 나거나 속상한 일을 잊지 못하고 속을 끓이며 1년, 2년, 나아가 10년을 질질 시간만 끄는 경우도 있다. 하지만 좋지 않은 기분은 1분 만에 잊어버리고 앞으로 나아가는 습관이 생긴다면, 당신은 매일 웃는 얼굴을 하고 있을 수 있다.

짜증나는 일은 누구에게든 일어난다.
단지 바로 잊을 수 있는 사람과 잊지 못하는 사람이 있을 뿐이다.

시급이 천 원인 사람은 낙담하여 일을 하지 못하면 천 원 만큼 손실이 난다. 시급이 만 원인 사람이 한 시간 낙담하고 있으면 만 원의 손실을 본다.

물론 무슨 일이 일어나더라도 설대로 낙담하지 않는 사람이 있다면, 이 책은 그런 사람에게는 필요가 없다. 그러나 만약 당신이 미래에 1시간이라도 낙담할 가능성이 있다면, 이 책은 비용대비 효과가 매우 큰 투자라고 할 수 있다.

1시간의 낙담을 1분으로 단축할 수 있으므로, 당신은 이 책을 구입한 순간에 어쩌면 즉시 본전을 찾게 되는 셈이다.

나는 이 책을 누군가가 낙담했을 때, 손쉽게 꺼내 보고 힘이 될 수 있도록 소중한 이에게 이야기하듯이 썼다. 당신이 고민에 빠졌을 때, '아! 그렇지, 『잊고 사는 것에 홀가분』에 잊는 기술이 적혀 있는 책이 있었을 텐데!'라고 떠올린다면, 그 때 이 책은 효과를 발휘할 것이다.

지금 당신은 인생의 갈림길에 서있다.
짜증나는 일로 1시간, 하루, 아니 몇 달을 낙담하며 보낼 것인가?

아니면, 마음 상하는 일은 1분 만에 잊어버리고 성큼성큼 앞으로 나아가야 하는가?

어느 쪽을 택하든 당신의 선택이다.

"저는 항상 한 번뿐인 인생이기에 1분이라도 더 웃는 얼굴로 살아갈 수 있다면 좋겠다고 생각합니다. 자, 여러분. 이 책과 함께 활짝 웃으며 인생의 한 걸음, 한 걸음을 내디뎌 봅시다!"

목차

기억의 메커니즘과
망각의 메커니즘을 알자

기억의 구조를 알면, 잊을 수 있다

'단기기억'과 '장기기억'

'외우는 것이 힘들다'라는 사람에게 '기억에는 어떤 종류가 있는지 알고 있는가?'라고 물으면, 대부분 모른다고 대답한다. 외우는 것이 어렵다고 하기 이전에, 기억술에 관한 지식이 없으면 앞으로 나아갈 수 없다.

'야구를 잘 못해요. 야구의 규칙은 모르지만…'이라고 한다면, '우선 룰을 공부한 후, 잘 못한다고 말해!'라고 하고 싶다.

외우는 것이 어렵다고 말하기 이전에 당신이 기억술에 대한 지식이 없다면 암기에 약한지의 여부를 판단할 수 없다.

기억에는 2가지 종류가 있는데, '단기기억'과 '장기기억'이 그것이다.

 ① '단기기억': 20초 이내
 ② '장기기억': 20초 이상

이렇게 이해하면 된다.

‘기억이 정착한다’라는 것은 바꾸어 말하자면, ‘단기기억’이 ‘장기기억’으로 바뀌었다는 의미이다. ‘20초 이내였던 기억이 20초 이상이 된 상태’를 ‘기억의 정착’이라고 한다. 만약 당신이 현재 20초 이전의 짜증나는 일을 기억하고 있다면, 단기기억이 장기기억으로 바뀌었다고 할 수 있다.

‘단순기억’과 ‘이미지기억’

시간의 길고 짧음으로 보자면 기억에는 ‘단기기억’과 ‘장기기억’의 두 종류가 존재하지만, 더 구체적으로 살펴보면 기억의 패턴에는 2가지 종류가 있다.

　① 단순기억: 단순하고 반복적인 기억
　② 이미지기억: 구체적이고 에피소드적인 기억

등의 2가지 패턴이다.

①의 단순기억은 ‘단순 반복기억’이라고도 한다.

당신이 ‘광개토대왕’이라는 인명을 기억하는 것은 몇 번이고 반복하여 외웠기 때문이지만. 딱 한 번 정도 시험에 나온 역사상의 인물은 잊고 있을 것이다.

반복해서 기억하는 것이 단순기억이다.

②의 이미지기억은 ‘에피소드 기억’이라고도 한다.

에피소드와 함께 기억하는 경우가 많아서 이러한 명칭이 붙었는데, 필자는 ‘에피소드가 없어도 새나 말 등의 어떤 이미지만으로 기억하는 경우’가 있기 때문에 에피소드 기억이라는 용어를 사용하지 않고, ‘이미지기억’이라고 부르고 있다.

이미지기억의 전형적인 예는 ‘어조 맞추기’이다.

예를 들면, ‘1919년 3·1 운동’을 ‘아이구 아이구’로 기억하면, 3·1 운동의 이미지와 함께 발발한 연도를 장기적으로 기억할 수 있다.

그렇다면 이미지기억이 단순기억보다 뛰어나다는 것인가? 그런 것만도 아니다.

이미지기억은 상기하는데 시간이 걸리는 약점이 있다.

예를 들어, 'cat'이라는 영단어를 외울 때, '캣캣하고 고양이가 재채기를 한다'라는 어조 맞추기로 외웠다고 해보자. 'cat'이라는 단어가 나올 때마다, '캣캣하고 고양이가 재채기를 한다'라는 구절이 머릿속에서 메아리칠 것이다. 그렇게 되면 문장을 읽는 것 자체가 늦어진다.

'cordial'(다정한, 화기애애한)이라는 단어가 있다. 선생님께 '코절'을 하니 다정하게 말씀하신다고 어조를 맞추어 기억하게 되면, 문제는 시험에 나올 때마다 이 문장을 기억해내야 하므로 긴 영문을 읽을 때 속도가 늦어진다는 것이다.

따라서 '단순기억'과 '이미지기억' 중 어느 쪽이 우수하다고 단정짓기보다는, 장르에 따라 기억하는 방법을 적절하게 선택하는 것이 중요하다.

단순기억: 단어, 국사, 세계사 등의 역사 교과
이미지기억: 역사의 연호, 고문古文 단어

이렇게 구분하여 사용한다면 암기하기 쉬워진다.

그리고 짜증나는 일은 기억술과는 정반대의 방향성을 택하면 된다.

어떻게?

단순기억으로 암기하지도 않고, 이미지기억도 남기지 않는다면 1분 만에 잊을 수 있다!

'단순기억'을 역으로 이용하면, 짜증나는 일도 잊을 수 있다

뇌는 반복되는 것을 중요하다고 인식하고 기억에 정착시킨다.

수없이 되풀이되는 텔레비전의 광고를 보고, 사람들은 '진짜'라고 생각하는 것이다. '결혼 반지는 월급의 3개월 분'이라는 것에 논리적인 근거는 없다. 그러나 반복해서 몇 번이고 듣다보면, '그럴 수도 있겠는데'라고 생각하게 된다.

10년 전에는 '할로윈' 이벤트를 일본에서는 거의 볼 수 없었다. 그러나 요즈음에는 '할로윈 분장을 하는 것이 유행이다. 어린이가 분장을 하고 남의 집 벨을 누르면 과자를 받을 수 있다'라고 생각하는 사람도 많다.

텔레비전에서 반복적으로 빙송힘으로써 많은 사람들이 할로윈에는 이벤트를 하는 것이 당연하다고 인식되었기 때문이다.

우리의 뇌는 반복되는 것을 '옳다'고 착각한다.

어린 시절부터 '너는 바보다'라고 반복해서 말하면, '나는 바보다. 이것은 정말이다'라고 뇌가 착각한다. 반대로 '당신은 천재다'라고 계속해서 말한다면, 누가 뭐라고 하든지, '나는 천재다. 이것은 정말이다'라고 믿게 된다.

이렇게 생각하면 많은 사람들이 짜증나는 일을 잊지 못하는 이유를 알 수 있다. 몇 번이고 머릿속에서 반복하고 있기 때문이다.
"너는 안 된다"라는 말을 듣고, 몇 번이고 머릿속에서 반복한다면 낙담하게 된다.
"자네는 왜 업무 처리를 제대로 하지 못해!"라고 상사에게 질책을 들으면, 머릿속에서 반복하여 생각하기 때문에 낙담하게 된다.

뇌는 반복하는 것을 '옳다'라고 믿어버린다. 그리고 반복되지 않는 것은 중요하지 않다고 뇌가 인식한다는 것이다.
짜증나는 일을 잊기 위해서는 뇌 속에서 반복하지 않는 것이 전제로서 중요하다(뇌 속에서 반복하지 않도록 하는 방법에 대해서는 후술하기로 한다).

앞에서 서술한 이미지기억에는

① 에피소드 있음

② 에피소드 없음

등의 두 종류로 구분할 수 있다.

대부분의 짜증나는 일은 '상사에게 질책을 받는 장면' '좋아하는 사람에게 차이는 장면'과 같은 ①의 '에피소드 있음'의 이미지기억이므로, 이 장면이 기억에 정착하여 낙담하게 된다.

길을 걷고 있는데 '죽은 고양이를 봤다'면 마음이 좋지 않다. 지금 상상을 하는 당신의 마음도 조금 불편해졌을 것이다(미안합니다. 괜히 이런 기분이 들게 했군요).

그렇지만 1시간 후에 당신은 이 일을 어느 정도 잊고 있을 것이다. 왜냐하면 대부분의 경우, 이것은 당신의 실제 체험과 연결된 에피소드가 아니기 때문이다.

즉, ① '에피소드 있음'의 기억에도 두 종류가 있다.

이 2가지 종류 중에서도 첫 번째가 보다 선명하게 기억에 남는다. 암기법에서는 이를 이용하여 자신을 얼마만큼 에피소드에 등장시킬 수 있는지가 열쇠가 된다.

예를 들어, 옛날 단어들 중 '둏다'와 '좋다'라는 말들이 있다. 각각 '좋아하다'와 '깨끗하다' 라는 의미로 완전히 다른 뜻을 가진다. 이 단어들을 어떻게 어조를 맞추어 기억하는가 하면, '아버지가 나의 방에 들어오시더니 좋다고 해서 둏다'라고 기억한다. '오랜만에 내 방을 청소하니, 아버지가 방에 들어오셔서 깨끗하다고 칭찬을 하셔서 기분이

좋았다'를 떠올려서 기억하
면 보다 쉽게 기억할 수 있다.

상사가 당신을 질책하여 짜
증이 났다면 당신이 바로 등
장인물이자 주인공이기에 언
짢은 기분이 오래 지속된다.

그러면 어떻게 이러한 마음
을 가라앉힐 수 있을까?
등장인물인 당신과 상사를
동물로 바꾸어 보자.

상사가 당신에게 화를 내고
있는 상황을 반시뱀(일본 오
키나와 등지에서 서식하는
방울뱀아과의 맹독성을 가진

독사)이 몽구스(반시뱀의 천적)에게 습격당하는 상황으로 현실을 상상으로 바꾸어 생각해본다.

그 순간에 당신의 짜증나는 기분은 사라질 것이다.
왜냐하면 상사가 당신에게 화를 내는 상황보다, 뱀이 몽구스에게 습격을 당하는 상황이 강렬하기도 하고, 또한 등장인물에서 당신과 상사가 직접적으로 사라지기 때문이다.

지금 당신의 머릿속에서 무슨 일이 일어났을까?

'내가 당사자인 에피소드 이미지기억'을
'내가 당사자가 아닌 비슷하지만 다른 에피소드로 바꾸어 다른 이미지기억'으로 정착시킨다.

즉, '짜증나는 기분'을 '아무래도 상관없는 기분'으로 전환했다.
이와 같이 기억의 메커니즘을 이해하고 정반대로 만들 수 있다면, 짜증나는 일을 1분 만에 잊을 수 있다.

기억의 메커니즘

단기기억 → 20초 이내의 기억

장기기억 → 20초 이상의 기억

기억의 2가지 패턴

① 단순기억

② 이미지기억

├ 에피소드 **없음**

└ 에피소드 **있음**

　├ 자신이 당사자다

　└ 자신이 당사자가 아니다

망각의 메커니즘

변환함으로써
잊을 수 있다!

제1장

'낙담하지 않는 사고회로'를 익힌다

OFF
ON

네거티브 감정의 '해결법'을 알자

만약, 천만 원을 잃어버렸다면?

낙담하는 이유는 해결책이 없기 때문이다.

예를 들어 당신이 천만 원을 잃어버렸다고 해보자.

상상해보니 어떤가?

아마도 상당히 기분이 좋지 않을 것이다.

이럴 때, 하루에 천만 원을 버는 방법을 알고 있다고 해도 계속 낙담할 것인가? 한 달에 일억 원을 버는 방법을 알고 있는데도 계속 우울함에 빠져 있을 것인가?

아마 금방 기분이 바뀔 것이다.

바로, 당신이 낙담한 것은 '천만 원을 잃어버렸다'라는 사실이 원인이 아니라는 뜻이다.

‘천만 원을 즉시 버는 방법을 몰랐다’라는 것이 원인이라고 할 수 있다. 만약 빌 게이츠나 이치로 선수가 낙담한다면 당신도 어쩔 수 없다. 하지만 백 명이 있는데 백 명 모두가 낙담하지 않는다면, 당신의 지식이 부족하여 해결책을 모르기 때문에 낙담하는 것에 지나지 않는다.

자산이 80조 원 이상이라는 빌 게이츠가 천만 원을 잃어버린다면 아마 ‘음!’ 하고 끝날 것이다. 그는 매일 외환 변동만으로 천억 원 이상의 자산이 변동한다고 한다. 매일 천억 원 정도의 손해가 있으며, 천억 원 정도의 이익이 있으므로 천만 원을 분실하였다고 해도, ‘신경을 쓰지 않는 것’이 해결책이라는 것을 알고 있다.
만약에 이치로 선수가 천만 원을 잃어버렸다면 ‘열심히 해서 안타 한 번 치면 된다!’라고 기분을 전환할 수 있다.

‘어떻게 하면 좋은가?’라는 해결책을 알고 있다면, 낙담하는 횟수는 격감한다.

'ABC 이론'을 알면, 낙담하는 횟수가 줄어든다

심리학의 논리요법에서는 'ABC 이론'이라는 이론이 존재한다. 알버트 엘리스Albert Ellis 박사가 1955년에 제창한 심리요법이다.

사물에는

【A】 (affairs: 사건, 혹은 activating event: 활성사건)

【B】 (belief: 신념, 해석방법)

【C】 (consequence: 결과)

이상의 3가지가 있으며, 동일한 A라도 B가 바뀌면, C라는 결과가 바뀐다는 것이다.

예를 들어,

【A】 이혼을 했다.

【B】 나는 상대방에게 버림받은 쓸모없는 인간이다…

【C】 낙담한다…

라고 생각하는 사람이 있다고 하자.

한편,

　　【A】이혼을 했다.

　　【B】이것으로 새로운 사람을 마음껏 선택할 수 있다!

　　【C】소개팅에 매일 가야겠다! 기회다!

라는 사람도 있을 것이다.

이혼을 했다는 A(사건)는 같아도, B(해석방법)가 다르면, C(결과)가
바뀌는 것이다.

심리학의 ABC이론

나는 쓸모없는 인간이다 ← 온세상 독신을 마음껏 선택할 수 있다.

짜증나는 일이 있을 때 '어떤 B(신념)가 있으면, 플러스인 C(결과)가 발생하는가?'라고 생각하기 시작하는 것만으로도 당신은 짜증나는 일을 절반 이상은 극복했다고 할 수 있다.

ABC 이론으로 생각한다

당신 → 회사에서 정리해고 되었다

【A】정리해고 되었다…

【B】내일부터 돈을 벌 방법이 없다…

【C】절망한다…

【A】정리해고 되었다

【B】좀 더 좋은 회사를 찾을 수 있는 찬스다

【C】나는 행운아다

'불합리한 신념'을 버리면, 적극적으로 바뀔 수 있다

알버트 엘리스 박사에 의하면, B(신념)에는 2가지가 있다.

① 레셔널 빌리프(rational belief: 합리적인 신념)

② 이레셔널 빌리프(irrational belief: 불합리한 신념)

낙담하는 사람들의 대부분은 비합리적인 신념을 갖고 있기에 우울감에 빠진다.

'좋아하는 사람에게 차였다'라는 상황을 마주하면, '나에게 매력이 없어서 그래'라는 불합리한 신념을 믿고 체념한다.

그러나 '나에게 매력이 없기 때문에 차였다'라는 것은 100퍼센트 합리적이고 올바른 것일까?

우연히 상대에게 이미 애인이 있었을지도 모르고, 다음 주에 결혼

식을 앞두고 있는 사람이었을 수도 있다. 일 때문에 스트레스로 초조해 하고 있던 찰라에 고백을 받아서 부담이 되어 거절한 것일지도 모른다. 아니면 상대가 사람을 보는 눈이 없었을지도 모른다.

이전에 알고 있던 여성이 프로야구 선수와 미팅을 했는데, 자신에게 첫눈에 반한 상대방이 만난 당일에 '결혼을 전제로 사귀고 싶다'라고 말했다고 한다. 그런데 그녀는 '아직 2군 선수지요? 1군 선수가 미팅에 나올리는 없을테니까요. 당신과 사귀는 일은 없을 거예요.' 이렇게 말하고 바로 거절하였다.

하지만 다음 날, 그녀는 프로야구 선수 명단을 확인하며 그가 현재 야구계에서 맹활약을 하고 있는 1군 선수라는 사실을 알게 되었다. 더불어 연봉이 30억 원이라는 기사까지 발견했다.

'어떻게 하면 다시 만날 수 있을까?' 그녀는 후회하며 방법을 찾으려 했지만 끝내 그와 다시 연락이 되지 않았고, 그가 다른 여성과 결혼했다는 이야기를 들었다고 한다.

그녀의 불합리한 신념은 다음과 같은 것이었다.

‘연봉 30억 원의 선수가 내 앞에 나타나서 갑자기 ‘결혼해줘’라
고 말할 리가 없다’
‘미팅에 나오는 프로야구 선수는 2군 선수이다’

만약에 그녀가 ‘세상에는 갑자기 무슨 일이 일어나도 전혀 이상하
지 않다’라는 신념을 가지고 있었다면, 상대의 연락처 정도는 물어
보았을 것이다.

‘남자는 연간수입이 중요하다’라는 생각도 불합리한 신념에 속한다.
지금은 부자라도 10년 후에는 파산할지도 모르고, 지금은 가난해도
10년 후에는 갑부가 될 가능성이 있기 때문이다. ‘남자는 현재 가지
고 있는 돈만으로 판단해서는 안 된다. 장래성이 중요하다’가 합리
적인 판단이라고 할 수 있다. 하지만 가능성은 많아도 실패하는 사
람도 있으므로 장담할 수 없는 것도 사실이다.

‘남자는 얼굴로 판단한다’도 불합리한 신념이라면, ‘남자는 학력이
다’도 불합리한 신념이다.
얼굴은 나이를 먹을수록 변하게 되고, 서울대학교를 졸업하여도 직

장을 가지기가 어려운 시대이다. '남자는 상냥해야 한다'라는 걸 기준으로 삼아도 장담할 수 없다. 그 남자가 상냥한 척을 하고 있을 뿐인지도 모르기 때문이다. '남자는 자산가여야 한다'라는 기준도 믿을 수 없다. 갑자기 극도의 인플레이션hyper inflation이 일어나서 원화가 휴지조각이 될 가능성도 있기 때문이다. '천억 원이 넘는 토지와 부동산을 가지고 있다'고 해도, 어느 날 갑자기 도처에 지진이 일어나서 그 땅에서 살 수 없게 되어버리면 가치가 없어진다.

'단정'을 하면, '배신'이라는 기분을 맛보게 된다.

당신이 단정을 내리면 내릴수록 낙담은 커진다.

단정 짓는 버릇을 없앤다

'지갑은 잃어버리면 인 된다'라고 생각하고 있다가 지갑을 잃어버린다면 크게 놀라 상심하게 된다. 하지만 '지갑은 잃어버리기 쉽다. 그러니까 현금카드, 신용카드, 현금을 각각 다른 곳에 보관하면 지갑을 잃어버릴 경우에 충격을 최소화할 수 있다'라고 생각한다면,

당연히 충격을 적게 받는다.

‘회사에 한번 입사하면, 정년까지 근무할 수 있을거야’라고 단정 짓고 있으면, 갑자기 정리해고를 당하거나 회사가 도산했을 때에는 낙담이 커진다. ‘회사가 내가 정년퇴임할 때까지 건재할 수 있을까? 불확실하니 언제라도 창업할 수 있도록 준비를 해두자’라고 생각하고 있다면, 정리해고 되어도 그다지 실망하지 않는다.

여기 ‘노후에는 부부가 둘이서 오붓하게 보내고 싶다’라고 생각하고 있는 중년남성이 있다. 그런 그에게 정년퇴직과 동시에 이혼서류를 제출한다는 황혼이혼은 ‘이혼은 당하지 않을 것이다’라고 단정하고 있던 자신에게 매우 낙담할 만한 사건일 것이다. 그렇다면 그에게 질문해보자.

신혼 때부터 지속 가능한 가정계획을 세우고 있었는가?
아이가 태어나기 전부터 매일 아내를 도와주었는가?
출산 때에는 고생하는 아내에게 힘이 되어주었는가?
육아를 아내가 전담하게 하지 않았는가?

이러한 질문에 황혼이혼을 당한 남성 대부분의 대답은 '노'이다.

안 좋은 결과를 초래할 원인이 많이 있는데도 불구하고 좋은 결과
만을 기대하고 있으면, 나쁜 결과가 나왔을 때에는 그 격차로 인해
실망이 더욱 커진다. 기대가 크면 실망이 크다는 말이 있다
따라서 평소부터

　'그럴지도 모르겠지만, 그렇지 않을 수도 있다'
라고 생각하는 습관이 있으면, 낙담하는 버릇이 없어진다.

단정 짓는 습관이 있으면, 배신당하는 결과에 실망이 커진다.

잊기 위한 '행동'을 알자

동화 「개미와 베짱이」에 등장하는 베짱이와 같은 인생을 보내면서 미래에 대한 준비를 하고 있지 않을 경우, 갑작스러운 불행이 닥치기라도 한다면 그저 낙담만 하는 인생이 된다. 반대로 개미와 같이 항상 준비를 하고 있으면, 불행한 사건이 갑자기 발생하더라도 낙담하는 횟수를 줄일 수 있다.

'입사하고 보니 블랙기업이었어' 하는 경우에는 취업활동을 하면서 학원에 다니지 않은 것이 원인 중 하나이다. '취직을 하는데, 학원에 다닐 필요가 있어? 대학입시도 아니고!' 아직도 이렇게 생각하는 사람이 있을지도 모른다. 취업하여 어떤 회사에 들어가느냐에 따라, 평생의 총수입이 20억 원이냐, 60억 원이냐로 달라지게 된다.

취업활동은 40억 원의 차액을 손에 넣기 위한 것이라고 생각한다면, 취업학원에 다니지 않는 쪽이 오히려 이상하다는 생각이 든다.

'취직은 운명적으로 정해져 있다'라고 말하면서 대책을 세우지 않는다면, 첫 단계인 서류전형에서 떨어져 면접을 볼 기회마저 잃는다. 취업활동을 하는 시점에서 의지나 정보가 없으면, 블랙기업에 입사하게 될 가능성이 높아진다.

하지만 취업학원에 다니게 되면, '그 회사는 블랙기업'이라는 정보를 입수할 수 있었을 것이다.

가령 23세에 취직하여 65세까지 근무한다고 가정한다면, 입사한 회사에서 42년간 근무하게 된다. 평균 수명을 84세로 본다면 인생

이 정도 준비했는데도 떨어졌다면 어쩔 수 없다.
준비가 다 되어있으니 어느 길이라도 다 갈 수 있다.

의 반을 회사에서 보내는 것이다.

이렇듯이 인생의 중대사가 취업활동으로 정해지기 때문에 전력을 다하여야 하는데, 취업학원을 다니지 않으려는 사람이 있다.

백만 원이든 천만 원이든 취업학원에는 투자해야 한다는 것이 필자의 생각이다. 필자는 아나운서 출신인데 취직을 하기 위해 무척 고생했다. 아나운서가 되겠다고 결정하고, 아나운서 스쿨 3곳과 취업학원에도 다녔다. 취업활동에만 상당히 많은 시간과 돈을 투자했다. 만약 필자가 아나운서 스쿨에도 다니지 않고, 취업학원에도 다니지 않으면서 시험에 계속해서 떨어졌다면 자포자기하고 낙담만 하고 있었을 것이다.

누구에게도 지지 않을 만큼 준비를 한다면, 면접에서 떨어졌다고 하더라도 "이 정도 준비했는데도 떨어졌다면 어쩔 수 없다"라고 생각하고, 다른 시험을 준비할 수 있다.

필자도 무려 27번의 탈락 고배를 마시고 나서야 아나운서가 될 수 있었다. 누구에게도 뒤지지 않을 정도로 준비를 하였음에도 불구하고, 26곳에서 낙방의 쓰라림을 겪으면서 오히려 더 적극적으로 노력하였던 것이다.

이치로 선수도 6할 이상은 히트를 치지 못하고 실패한다. 그렇다고 이치로 선수가 그때마다 풀이 죽어 있는가? 그렇지는 않을 것이다. 누구에게도 지지 않을 만큼 열심히 연습하고, 준비를 하였다면, 그다지 낙담하지 않는다.

'프레젠테이션에 실패했다'라는 사람은 아마 발표를 위한 예행연습을 충분히 하지 않거나 혹은 더 나은 발표를 위해서 책을 찾아보거나 세미나에 참석한 경험도 없을 것이다.

'스티브 잡스의 연설은 완벽해'라고 생각하는 사람은 많을 것이다. 그러나 잡스와 같은 달변가로 유명한 인물도 스피치 컨설턴트에게 "이 부분에서 미소를 지으세요" "이 부분에시는 이러한 포즈를 취하세요" 같은 세세한 부분까지 도움을 받으며 계속 연습했다. 그렇기 때문에 우리가 보고 듣는 최고의 스피치를 할 수 있는 것이다.

당신이 낙담하는 이유는 준비부족이 원인이었을 가능성이 높다. 만반의 준비를 한다면 낙담을 최소한으로 줄일 수 있다.

배팅 연습을 많이 하면, 타율이 높아진다

'야구선수는 인간관계로 고민할 틈이 없다. 그럴 시간이 있으면 배팅연습을 한다'라고 자이언츠팀의 간판선수인 나가시마 시게오長嶋茂雄*가 말했다. 타격률이 낮아서 고민하고 있다면, 공을 좀 더 잘 치기 위해서 연습시간을 늘리면 된다.

요즘은 "말을 잘하지 못한다"라는 콤플렉스를 가진 사람이 많다. 그들에게 "스피치 강좌에 참가한 적이 있는가?" 하고 물어보면 대부분 없다고 한다. 이래서는 말이 서투르다고 해도, 10단계 중에서 2단계인지, 5단계인지 알 수가 없다.
현상을 알지 못한다면 대책을 세울 방법이 없다.

'돈이 없어서 곤란하다'라는 사람에게는 '그렇다면 부자가 되기 위

---

* 2007 베이징올림픽 일본 야구대표팀 감독으로 활약.

한 세미나에 참가한 적이 있는가?'라고 질문한다. 대부분의 사람이 없다고 대답한다. '인기가 없어서 우울해하고 있다'라고 해서, '다른 사람들이 좋아하는 사람이 되기 위한 세미나에 참가한 적이 있는가?'라고 물어보면, 갔었다고 대답하는 사람을 본 적이 없다.

많은 사람들이 한 번도 배트를 휘둘러보지도 않고, '곤란하다'라고 한다.
배팅 연습을 하고 있다면, 고민하고 있을 틈이 없다.
배팅 연습에 열중한다면, 짜증나는 일이 일어나더라도 연습을 해야 하기 때문에 낙담하고 있을 시간 그 자체가 '제로'가 된다.

제2장

허들을 낮추어서 역경을 예방한다

SMILE

완벽주의자는 매일 낙담한다

'100점이 아니면 안 된다'라고 생각하는 사람이 있다. 하지만 100점은 매일 받을 수 있는 게 아니다. 우리 일상은 100점을 받지 못하는 경우들로 가득하기에 결국 완벽주의자는 거의 매일 낙담하게 된다.

만약에 100점이 아닌 65점을 맞아도 좋다고 생각하고 있다면, 65점이 넘는 날은 웃는 얼굴로 지내게 된다. 65점 이하일 경우에만 낙담하게 되므로 100점을 목표로 하는 것보다 낙담하는 횟수가 줄어든다.

'그래도 항상 100점이 아니면 곤란하다'라고 말하는 사람도 있을 것이다. '항상 ~이 아니면 안 된다'라는 사고회로는 낙담하는 습관과 세트가 되는 '불합리한 신념'이다.

주위에서 보면 완벽주의를 지향하는 사람을, '융통성이 없는 사람이다' '앞뒤가 꽉 막힌 사람이다'라고 꺼려하는 경향이 있다. 그러면 완벽주의자들은 '누구보다도 노력하고 있는데, 아무도 인정해주지 않는다'라며 또다시 좌절하게 되는 악순환의 반복이 일어난다. 사람은 단점이 있는 편이 오히려 사랑을 받는다.

만화 「도라에몽」의 도라에몽도 쥐에 약하다는 약점이 있기 때문에 귀여움과 사랑을 받는 캐릭터가 되었다. 만약 4차원 포켓에서 항상 완벽한 도구를 꺼내는, 완벽한 도라에몽이었다면, 지금의 사랑스러움과는 반대로 무서운 캐릭터가 되었을 것이다.

완벽주의자가 아니라 약간의 허술함이 있어도 결국에는 많은 사람에게서 사랑을 받을 수 있다. 나아가 자신의 삶에 대해서도 만족감이 높아지며 낙담하는 횟수도 줄어들게 된다.

'78 대 22의 법칙'으로 산다

인생을 100점 만점으로 생각하면 완벽주의에 빠지기 쉽다.

인생은 100점 만점이 아니다.

인생은 78점 만점이다.

'78 대 22의 법칙'이라는 것이 있다.

이것은 우주가 '78 대 22'의 비율로 성립되어 있다는 것이다.

지구는 바다가 78퍼센트, 육지가 22퍼센트.

공기 중의 질소는 78퍼센트, 산소 등의 질소 이외의 것이 22퍼센트.

인간의 신체는 물이 78퍼센트, 기타 22퍼센트.

회사의 매출도 상위 22퍼센트의 사람이 전체의 78퍼센트의 실적을

넓어진 양궁선수의 과녁
78점 만점이라고 생각한다면 마음 편히 살 수 있다.

올리고 있다고 한다.

이 법칙에 비추어 생각한다면, 만점은 100점이 아니라 78점이라 할 수 있다. 지구상에서 바다가 78퍼센트 이상이라면 곤란할 것이고, 질소가 78퍼센트 이상이라도 곤란하다.
인생의 룰도 100점 만점이 아니라, 78점 만점이라고 생각한다면 마음 편히 살 수 있다.

자신은 78점 정도 노력하고, 22점은 다른 사람에게 맡긴다.
78점은 받을 수 있도록 노력하지만, 22점은 나중에 개선할 부분으로 남겨둔다.
'100점 만점이어서 100점을 받아야 한다'라고 생각하고 사는 것보다는 '78점 만점이니까, 조금만 노력하면 78점을 받을 수 있다'라고 생각하며 사는 편이 낙담하는 횟수도 줄어든다.

만약에 100점 만점을 받았다고 한다면, 그것은 문제가 너무 간단하였기 때문일 것이다.
초등학생 수준의 문제를 어른이 푼다면 만점을 받을 수 있지만, 사회에 갓 진출한 청년이 만점을 받을 수 있는 간단한 문제는 별로 없다. 항상 78점밖에 받을 수 없는 레벨의 문제에 도전하고 있다는 것이 사회인으로서의 현실이다.

당신이 100점 만점을 목표로 하여 일에 도전하고 있다면, 그것은 오히려 너무 안이한 사고방식이다. 100점 만점은 우주의 법칙을 거역하는 방식이고, 78점 만점은 우주의 법칙에 순응하며 살아가는 방식이다.

'65점주의'가 되자

78점 만점으로 생각했을 경우, 합격 라인은 몇 점일까?
매일의 합격 라인을 65점으로 생각하면 좋다. 65점까지 도달하고 나면 그날은 좋은 하루라고 스스로를 칭찬하는 습관을 들인다.
100이라는 업무가 눈앞에 있고, 오늘 중에 100을 모두 끝내야 한다고 생각하면 완벽주의가 된다. 노력을 하더라도 78에서 끝내고, 나머지 22는 내일 할 몫으로 남겨둔다. 합격 라인은 65점이고 만점은 78점으로 한다면, 일상을 낙담하지 않고 오랫동안 지속할 수 있다.

만약에 100이라는 일을 하루에 전부 해버린다면 다음 날에 피로가 몰려와 견디기 힘들 것이다. '어제 그 정도로 노력했으니까 괜찮아'라고 자기만족을 하면 오히려 효율성이 떨어져 버릴 가능성이 있다.

단거리 주자가 아니라, 장거리 주자를 목표로 매일을 살아가는 것이 중요하다. 하루도 빠짐없이 100퍼센트를 발휘하면서 노력하려 한다면 반드시 어디선가 역효과가 발생한다.

'운동할 시간을 내지 못하면, 병에 걸릴 시간을 만드는 것이다'라는 일본 격언이 있다. 항상 여력이 있어야 하루하루를 건강하게 살아갈 수 있다.

오늘은 노력했으니 100점, 그 다음 날은 지쳐서 아무것도 하지 못했으니까 0점, 또 다음날은 노력해서 100점, 그 다음 날은 지쳐서 아무것도 하지 못하고 0점인 사람과 4일간 65점의 일을 한 사람이 있다면, 4일 후의 총득점은 전자는 200점, 후자는 260점이다.

더구나 후자는 일 이외의 취미생활도 할 수 있으므로 인생을 즐길 수 있다.

65점주의를 지향하고, 노력을 하더라도 78점에서 멈추도록 한다.

이렇게 함으로써 낙담하는 습관이 줄어들고 최종적으로 효율성도

오르게 된다.

노력은 '총량'으로 생각한다

자신만의 노력보다는 전체를 파악한다

낙담하는 성향이 강한 사람은 무엇이든 스스로 해결하려고 한다. 그러나 다른 사람에게 대신 맡기는 편이 종합적인 효율성을 높일 수 있다. 자기 혼자서 노력하여 100이라는 일을 하기보다는, 자신은 아무것도 하지 않고 4명에게 30의 일을 부탁하면 전부 합하여 120이 된다.

사장 한 사람이 영업을 하면 당연히 가장 효율성이 높겠지만, 한계는 20억 원이라고 한다. 그러므로 회사는 좀처럼 연간매출 20억 원의 벽을 넘을 수 없다.

한편, 세일즈맨은 사장의 3분의 1의 능력을 발휘한다고 한다. 사장이 3명의 세일즈맨을 고용하여 영업을 하도록 하는 것이 정답이지만, 어지간해서는 자신의 3분의 1밖에 능력을 발휘하지 못하는 세일즈맨에게 급료를 지불하고 싶어하지 않기 때문에 20억 원의 벽을 넘지 못하는 것이다.

결과적으로 사장은 '어째서 자네들은 나보다 일을 더 못하는가?'라는 불만을 항상 가지게 된다.

세일즈맨의 능력은 자신의 3분의 1로, 매일 효율성이 65점이라고 한다면, 3분의 1×65퍼센트는 약 0.22가 된다. 0.22는 22퍼센트이므로, 여기에서도 앞에서 말한 78 대 22의 법칙이 들어맞는다. 사장이 78을 노력하고, 사원이 22를 노력하는 회사가 작은 회사로서는 우주의 법칙을 따르는 이상적인 회사인 것이다.

한 번에 성공하려 하지 말고, 성공할 때까지 공을 계속 친다

'한 번에 성공해야 한다'라는 생각이 사람을 낙담하게 한다.

골프에서 홀인원을 하지 못할 때마다 '글렀다'라고 생각한다면, 골프가 싫어진다. 골프에서 기본타수 규칙도 어떤 홀은 파par 3, 또 다른 홀은 파5라고 다르게 정해져 있다. 오로지 단 한 번에 넣는 것이 아니라, 세 번이나 다섯 번에 걸쳐서 넣으면 된다.

프레젠테이션에서 기획을 승인받으려고 할 때에도 '100점 만점의 완벽한 기획서를 만들어 단번에 통과하자!'라고 생각해서 밤을 새

우며 노력하고 결과가 좋지 않으면 낙담한다.

하지만 그러기보다는 78점의 기획을 만들고, 나머지 22점은 회의에서 다른 사람의 의견을 받아들이겠다고 생각하는 편이 오히려 괜찮은 결과를 얻을 수도 있다.

'책을 내고 싶다'는 사람 중에는 '출판사를 방문하여 한 번에 출판이 정해지지 않으면 자신에게는 재능이 없다'라고 생각해버리는 사람이 있다. 이런 사람은 실패에 약한 성향이므로 즉시 포기한다.

필자 자신도 아나운서 시험을 보았을 때, 27번이나 낙방의 고비를 맛보았다.

첫 책을 출판할 때에도 13번째 찾아간 출판사에서 출판이 정해졌다. 책을 출판한 뒤에도 좀처럼 히트작이 나오지 않았으며, 16번째 출판한 『정말로 머리가 좋아지는 1분간 공부법』으로 겨우 50만부 이상의 베스트셀러를 달성했다.

한 번에 홈런을 치는 것이 아니라, '홈런을 치겠다는 생각으로 계속하다 보면, 언젠가는 성공한다'라는 마음가짐이라면 낙담하지 않는다.

잘 되지 않을 때에는 '방법을 아는 것'으로 전환한다

잘 되지 않을 때, '나는 능력이 없다'라고 자신을 탓하는 사람이 있다. 그러지 말고 이 경험을 '방법을 알았다'와 같이 발견의 기회로 생각하면 좋다.

에디슨이 전구를 발명할 때 그는 만 가지 이상의 재질을 시험하며 실패를 실패로 받아들이지 않고, '이 재료는 안 된다는 것을 알았다'라고 받아들였다.

프레젠테이션에서 기획이 승인을 받지 못하였다면, '메시지를 전하는 방법이 나빴는지, 기획 자체가 나빴는지, 양쪽 모두 나빴는지, 어느 쪽인지 알았다'라고 생각하면, 자신의 약점을 발견하는 기회가 된다.

필자는 편집자와 출판기획 관련 회의를 할 때에는 100가지 제목 안을 가지고 간다. '이 중에 하나가 선택되면 그것을 쓰고, 만약에 여기에 없더라도 제안을 하면 그것으로 하겠다'라는 식으로 제시한다. 그러면 대체로 편집자의 패턴은 다음 3가지 중 하나이다.

① 100개의 타이틀 중에서 편집자의 흥미를 끄는 것이 있다
② 100개의 타이틀을 보고, 편집자가 그것을 참고하여 다른 타이틀을 생각한다
③ 100개의 타이틀을 봐도 편집자가 감을 잡지 못한다

등의 3가지이다.

③일 경우에도 필자는 감정적으로 낙담한 적이 없다. '그렇군. 편집자가 원하는 타이틀이 이 안에 없었군'이라는 것을 알게 되었을 뿐이다.

'플랜 B'를 준비한다

'이시이 선생은 출판사로부터 원고의뢰가 항상 끊이질 않네!'라고 생각하는 사람도 있다.

현재 이 책을 쓰고 있는 시점에서도 의뢰가 2권이 있으며, 많을 때

에는 5권 정도 원고의뢰가 있을 때도 있다.

책을 쓰는 속도가 다른 작가에 비해 많이 빠른 편이므로, 쓰는 속도가 원고의뢰를 받는 속도를 앞지르는 경우도 있다. 그럴 때에, '아. 나는 인기 없는 작가인가 보다. 출판사로부터 의뢰가 없으니!'라고 낙담하는가? 그렇지 않다.

오히려 의뢰가 없는 경우에는 '잘되었네. 지금이 쓰고 싶었던 책을 쓸 기회다'라고 생각하고, 책을 쓴다. 의뢰가 있는 경우에는 그것을 우선적으로 쓰는 것일 뿐, 쓴다는 것에는 변함이 없다.

① 원고의뢰가 없을 때 → 쓰고 싶은 원고를 쓸 수 있는 기회
② 원고의뢰가 있을 때 → 책을 출판할 찬스

이렇게 생각함으로써, 어느 쪽의 경우이든 정답으로 만들 수 있다.

짜증이 나서 낙담하는 원인은 'A가 아니면 안 된다'라고 생각하기 때문이다. A가 아닐 때에는 플랜 B를, 플랜 B도 아니라면, 플랜 C를 준비해 두면 낙담하지 않는다.

‘원고의뢰가 있고, 출판사의 기획회의에도 통과하고, 탈고를 했는데, 그 후에 원고가 채택되지 않았다’라는 경우도 있다. ‘힘들여 썼는데, 모든 것이 헛수고가 되었다’라고 생각하면, 정말로 짜증이 난다. ‘출판사가 해도 너무 한다. 편집자도 나쁘다’라고, 상대방의 탓으로 돌리는 작가도 있다. 하지만 그럴 때일수록 ‘진짜 쓰고 싶었던 글을 쓰고, 원고를 비축해둘 시간이 생겼을 뿐이다’라고, 마음 편하게 받아들인다면 금방 다음 작업을 시작할 수 있을 것이다.

‘인생의 고난은 집착하는 것에서 발생한다’라고 부처님이 말씀하셨다. 정리해고 되어 낙담하는 것은 근무하던 회사에 대한 집착이 있기 때문이다. 이혼 후에 낙담하는 것은 아내(남편)에게 집착이 있기 때문이다.

집착을 줄이기 위해서는 플랜 B, 플랜 C가 있어야 한다.

현재의 배우자와 헤어지면 B와 결혼한다. B와 헤어지면 C와 결혼한다. 이와 같이 미리 정해진 상대가 있다고 한디면 낙담하지 않을 것이다. 회사에서 정리해고 되어도, B사와 C사로부터 현재 근무하고 있는 회사보다 좋은 조건으로 채용하겠다는 제의가 있다면 낙담하지 않는다. 사장도 A라는 상품이 팔리지 않으면, B라는 상품을 판다. B라는 상품이 팔리지 않으면, C라는 상품을 팔면 된다고 생각하고 있으면, 낙담할 이유가 없다. 대학 시험에서도 제1지망, 제2지망, 제3지망으로 우선순위를 두고 어느 대학이라도 합격하면 된다고 생각한다면, 제1지망에 떨어졌다고 해도 그다지 낙담할 이유가 없다. 제1지망과 제2지망에 정도의 격차가 크면, 1지망 학교에 떨어졌을 때에 낙담하게 된다.

항상 플랜 B, 플랜 C를 준비하여 둠으로써 집착을 줄일 수 있어 낙담하는 일도 적어진다.

즉시 앞으로 나아가기 위한 사고방식

인생은 테스트 마케팅이다

테스트 마케팅이란, '내용이 같은 상품을 패키지 별로 빨강, 파랑, 초록으로 색깔을 바꾸어 진열해보고, 어느 색이 제일 잘 팔리는지를 시험'해보는 것이다. 만약에 빨강이 제일 많이 팔렸다고 한다면, 3가지 색 중에서는 빨강이 제일 인기가 있고 파랑과 초록은 그렇지 않은 것뿐이다.

당신이 맡은 업무가 지금 제대로 진행되지 않아서 낙담하고 있다고 하자. 이런 경우에는 다음과 같은 선택지가 있다.

① 지금은 일을 잘 못하지만, 이내로 재직 중인 회사에서 같은 업무로 성공하겠다

② 재직 중인 회사에서 다른 부서로 이동하여 성공하겠다

③ 다른 회사로 이직하여 같은 업무로 성공하겠다

④ 다른 회사로 이직하여 다른 업무로 성공하겠다

⑤ 독립해서 직접 회사를 창업하여 같은 업무로 성공하겠다

⑥ 독립해서 직접 회사를 창업하여 다른 업무로 성공하겠다

당신은 이 중에서 어느 하나를 선택해야 한다.

아무리 괴로운 일이 있어도, 재직 중인 회사에서 근무하는 직종으로 노력하는 것도 하나의 선택사항이지만, 이것 이외에도 선택사항이 있다고 생각하면 낙담하지 않게 된다. 아무래도 지금의 회사가 아니면 할 수 없는 일도 있을 것이고, 다른 회사로 전직해도 업무내용이 그다지 변함이 없는 경우도 있다.

'과로로 쓰러졌다' '블랙 기업에 취직했다'라는 사람은 현재의 상황을 선택할 수밖에 없다고 믿기 때문에 괴로운 나날을 보내고 있는 것뿐이다.

지금 이대로는 안 된다는 테스트 마케팅의 결과가 나왔다면, 즉시 인생의 다른 선택사항을 테스트하면 좋을 것이다.

테스트 마케팅으로 생각한다

일이 잘 되지 않는다…

① 현재 회사에서 같은 직종으로 더 노력해 일한다

② 현재 회사에서 다른 부서로 이동하여 일한다

③ 다른 회사로 이직하여 같은 직종으로 일한다

④ 다른 회사로 이직하여 다른 직종으로 일한다

⑤ 독립해서 창업하여 같은 직종으로 일한다

⑥ 독립해서 창업하여 다른 직종으로 일한다

선택사항은
이처럼 많다 !

‘너무 힘들어서 회사를 그만두고 싶다’고 하면, 주위에서 여러 가지 이야기를 듣게 된다.

“이런 불경기에 다른 회사를 찾는다는 것은 매우 어려운 일이야!”

“이직한다면 지금까지 인내한 것이 헛수고가 되잖아.”

“나이가 40세가 넘으면 받아줄 곳이 별로 없어.”

“애들이 곧 대학생인데, 무슨 생각이야?”

많은 사람들이 각자의 시선으로 당신을 말리려 들지도 모른다. 그렇지만 이들의 의견을 따른다면, 당신은 자신의 직감보다 타인의 충고를 상위에 두게 된다. 자기 인생의 방향키는 타인에게 맡기지 않고 자신이 잡고 있는 편이 안전하다. 타인에게 맡기게 되면, 어디로 가더라도 스스로 컨트롤할 수 없다. 인생에는 아래와 같은 2가지 선택이 있다.

① 타인의 시선에 신경을 써서 자신을 희생할 것인가?

필자가 텔레비전 방송국의 아나운서를 그만두고, 다시 처음부터 출발하여 성공하고 싶다고 했을 때에도 주위에서 무슨 생각이냐며 말렸다.

"어렵게 텔레비전 방송국에 취직을 했는데 아깝다."

"아나운서가 되고 싶어도 실패하는 사람이 많다."

"회사를 그만두고 재취업할 곳이 있다면 괜찮지만, 다시 일할 곳
도 없는데 그만두다니, 무슨 생각을 하느냐?"

이런 말을 하면서 얼마나 많은 사람들이 내 결심을 비웃었는지…. 하지만 '어차피 그들은 남일뿐 나 자신은 아니다'라고 생각하고, '회사를 그만두면 두 번 다시 만나지 못할 사람들이므로 신경을 쓸 필요가 없다'고 결론을 지었다. 내 직감이 '회사를 그만두고 제로에서부터 시작하자!'라고 말하고 있으므로, 타인의 시선에 신경을 쓰지 않고 다만 내 자신의 시선에만 신경을 썼다.

물론 처음 1년은 무직인 상태였고, 회사를 그만두고 2년 후에 첫 번

째 책이 나왔지만, 그 책도 폭발적으로 팔린 것도 아니었다. 그렇지만 낙담하지 않았고, '최소한 100권을 쓰면, 한 권 정도는 베스트셀러가 나올 수 있지 않을까. 그렇게 해도 베스트셀러가 나오지 않으면, 200권을 쓰면 된다. 그래도 힘들면 300권을 쓰겠다'라고 생각했다.

작가 데뷔가 2003년 11월이고, 베스트셀러가 나온 것이 2008년 8월이었으므로 5년이 지난 후였는데, 작가들의 세계에서는 이것도 빠른 편에 속한다.

타인의 시선은 항상 단기적이다.
이솝우화 토끼와 거북이.
토끼(타인)의 단기적인 시선에서는
거북이(본인)는 느리고 답답할 수 있다.
하지만, 거북이는 토끼가 지나친
목표를 향해 꾸준히 또 천천히
나아간다.

작가 오사와 아리마사^{大沢在昌} 선생은 1979년 추리소설 공모전에서 신인상을 수상하며 데뷔, 11년간 28권의 책을 출판하였지만, 모든 책이 증쇄가 되지 않아 '영원한 초판작가'라고 불렸었다고 한다. 그러나 그 후, 『신주쿠상어』가 높은 판매고를 올리며 베스트셀러 작가 반열에 올랐다.

만년이 될 때까지 큰 사랑을 받는 작품이 나오지 않는 작가도 있으므로, 작가 데뷔 10년 이내에 히트작은 나 스스로 말하기가 부끄럽지만, 좋은 결과였다고 생각한다.

기억하라, 타인의 시선은 항상 단기적이다.

'당신, 그렇게 하면 안 된다'라고 말하는 사람은 1개월 이내, 1년 이내의 단기적인 시선으로 당신을 판단하고 있다.

하지만 이에 비해서 본인을 바라보는 자신의 시각은 장기적이다. '이렇게 함으로써 5년 후, 10년 후 자신의 인생이 플러스가 될지, 마이너스가 될지?'를 생각할 수 있는 것은 당신뿐이다.

타인의 시선보다 자신의 기준으로 판단하여 결정을 내리는 편이 보다 긴 안목으로 생각했을 때 정확한 경우가 많다.

제3장

짜증나는 일을 1분 만에 잊기 위한
'마인드 체인지'

FITTING

좌절할 것 같으면, 생각을 바꾼다

위기는 영웅에게만 찾아온다

'오늘 또 상사에게 질책을 받아서 짜증이 난다'

라는 것은 당신에게 '영웅의 자질'이 있음을 의미한다. 앞으로의 성공을 위해 지금 고난의 시간을 보내고 있을 뿐이다. 이야기책에서는 영웅은 항상 위기를 맞이한다.

베스트셀러였던 「한자와 나오키」* 소설에서도 위기는 잇달아 주인공 '한자와 나오키'를 엄습한다. 그리고 작가는 주인공이 계속해서 장애물과 대면하게 함으로써 영웅으로 성장시킨다. (필자도 소설을 쓸 때에는 '주인공을 어떻게 하면 궁지로 몰아넣을까?'를 항상 염두에 두고 있다.)

인간세계에서는 신이 작가이며, 주인공인 당신에게 연기를 하게 한

---

* 半沢直樹: 이케이도 쥰池井戸潤이 쓴 소설로 일본 버블경제 시기, 대기업은행에 입사한 한자와 나오키라는 열혈인물이 수많은 사회의 적들과 싸우는 이야기. 2013년 일본 TBS에서 드라마화됨.

당신에게 늘 짜증나는 일이 일어나고, 매일이 위기의 연속이라면 신은 당신에게 영웅이라는 역할을 부여했다는 것이다.

당신을 짜증나게 하는 사람… 어쩌면 하늘이 내려준 은인!

'오늘도 상사가 짜증나게 했다. 마음이 심란하다'라고 생각할 수도 있다. 하지만 이럴 때는 '오늘도 괴롭힘을 당하다니 정말로 나는 신에게 사랑을 받고 있다'라고 생각하는 것이 정답이다. 왜냐하면 '매일 상사에게 괴롭힘을 당하고 있다'라는 것은 '네가 있어야 할 장소는 그곳이 아니다'라는 신으로부터의 신호이기 때문이다.

당신이 따돌림 당하고 있는 장면을 객관적으로 보고 있는 관객이 있다고 한나면, '빨리 눈치채라!'라고 생각한다. 눈치채지 못하는 것은 주인공 혼자이다.

당신을 괴롭히는 상사도 집에 돌아가면 자식들에게는 상냥할 것이다. 그뿐만이 아니라 기르고 있는 개에게도 당연히 상냥할 것이다.

그럼에도 불구하고 굳이 당신을 괴롭히고 있다면, 그 상사는 신이 강한 자극을 주어 악역을 연기시키는 것일 뿐이다.

필자 자신의 아나운서 시절에는 '너는 가능성이 없다' '아나운서는 적성에 맞지 않으니 집어치워라'와 같은 몹시 심한 말을 들었다. 당시는 물론 괴로웠다. 하지만 지금 생각해보면, 나를 심하게 다룬 상사나 동료는 하나님의 사자였다.

라는 것을 신이 여러 사람의 입을 통해서 나에게 가르쳐주고 있었다. 만약에 직장 상사나 동료가 상냥하게 대해주었더라면, 지금도 텔레비전 방송국의 사원으로 남아있었을 것이다.

원래 모든 일은 제대로 하면 잘된다.
그럼에도 불구하고 잘되지 않는다는 것은 '네가 있어야 할 장소는 그곳이 아니다. 본래의 사명을 눈치챌 때까지 짜증나게 하겠다'라는 신으로부터의 메시지이다.

만사를 긍정적으로 받아들이는 마인드 체인지의 요령

짜증나는 일이 있으면, 아이디어라고 생각한다

짜증나는 일을 짜증난 채로 내버려두는 것은 안타까운 일이다.

짜증나는 일이 있으면, '이것은 억만장자가 되게 하기 위한 신으로부터의 메시지가 아닌가?'라고 생각하면 짜증나는 일이 즐거워진다.

짜증나는 일을 해결하면, 그러한 경험은 언젠가는 돈이 될지도 모른다. 다음 예를 살펴보자.

레스토랑의 콜 버튼은 '소극적이어서 레스토랑의 점원에게 먼저 말을 걸고 싶지 않다. 그런데 점원이 내가 필요로 하는 것을 알아차리지 못하고 있다'라는 짜증나는 일이 계기가 되어 탄생하였다.

만약에 밝은 성격의 커뮤니케이션 달인이라면, '콜 버튼'이 필요하다는 발상을 하지 못했을 것이다.

포테이토칩도 '감자튀김이 너무 두툼해서 싫다!'라는 불만을 듣고, '그렇다면 얇게 해보자!'라는 발상에서 나온 맛있는 발명품이다.

‘두꺼운 것이 싫다’라고 느끼는 것은 개성이다. 만약 감자튀김을 봐도 의문이 생기지 않는 사람처럼 행동했다면 여전히 싫어하는 두꺼운 감자튀김을 먹어야 했을 것이다. 당신이 싫다고 생각한 것은 신이 가르쳐주는 억만장자가 되기 위한 힌트일지도 모른다.

만년필은 미국에서 보험을 권유하던 워터맨Lewis Edson Waterman이 발명했다.

워터맨은 대량의 보험을 계약할 때, 펜의 잉크가 흘러 계약서가 더러워지는 걸 보고 짜증이 났다. 그래서 ‘펜은 왜 늘 이럴까?’라는 고민을 했고, ‘그럼 내가 제대로 된 펜을 만들어보자’라는 생각으로 세계 최초의 만년필을 발명한 것이다.

이 아이디어로 워터맨은 억만장자가 되었다.

짜증나는 상황이 발생한다면, 그것은 억만장자가 되기 위한 힌트인 것이다.

‘10억 원의 법칙’으로 낙담하지 않는다

낙담하지 않기 위한 사고방식으로 필자는 ‘10억 원의 법칙’을 제창

한다.

'10억 원의 법칙'이란 짜증나는 일이 있으면 '만약에 지금 수중에 10억 원이 있다고 해도 기분이 나쁠까?'라고 생각하는 것이다.

예를 들어 상사에게 구박을 받을 때 '자네 당장 회사를 그만두게!'라는 말을 들으면 사람들은 보통 낙담한다. 그렇지만 만약 어제 10억 원의 복권에 당첨되었다면 어떨까? 그래도 상사가 나쁘다는 생각이 들까?

'그래? 그렇다면 회사 측 퇴직권고니까 퇴직금도 바로 받을 수 있겠군. 그리고 10억 원도 있으니 천천히 조건이 좋은 회사를 찾아보자'

라고 생각할 것이다.

이렇게 생각하면 나쁜 것은 상사가 아니라, '10억 원이 없는 당신이 나쁘다'라고 할 수 있을 것이다.

10억 원이 있어도 마찬가지 기분이라면, 그땐 당연히 낙담해야 하나. 하시만 10억 원이 있을 경우에는 낙담하지 않을 것 같다면, 나쁜 것은 상대방이 아니다.

예금잔고에 10억 원이 없는 당신이 나쁘다.

도망쳐라!

'회피해도 괜찮은 짜증나는 일'도 있다

짜증나는 일에는 2가지가 있다.

　　① 회피해도 좋은 짜증나는 일
　　② 회피해서는 안 되는 짜증나는 일

회피해도 좋은 짜증나는 일에는 '상사의 파워 해러스먼트power harassment(상사의 괴롭힘)가 심하다' '회사가 블랙기업이다' 등이 있을 것이다. 이 경우는 즉시 회피해도 좋은 짜증나는 일이다. '재취업할 회사가 없으면 어떻게 하지?'라고 생각할지도 모르지만, 그것은 재취업할 곳을 찾아보지 않으면 알 수 없다.

블랙기업에 근무하고 있는 동안은 전직활동도 할 수 없으므로 용기를 가지고 그만둔다면, 시야가 넓어진다.

물론 아무리 짜증나더라도 회피해서는 안 되는 경우도 있다.

자신의 꿈을 향해 나아가는 중이라면, 비록 짜증나는 일이 있어도

참을 수밖에 없다.

취직 활동 중에

　‘압박면접을 받았으니 그 회사에는 가지 않겠다’

　‘제1지망이었지만 면접관의 태도가 기분이 나쁘니 입사를 포기

　하겠다’라고 하는 사람도 있다.

이는 매우 안타까운 이야기이다.

그렇다면 마음이 맞지 않는 사람을 한 사람 만난 것만으로 꿈을 포기해 버린다는 것은 분명한 손해라고 할 수 있다.

필자의 친구인 기자 F씨가 잡지사를 설립했을 때의 일이다.

'온라인교육 특집'이라는 기사를 기획하고, 당시 입사한 지 얼마 안 된 신인에게 기사를 부탁했는데 그녀가 바로 회사를 그만두어 버렸다.

F씨는 이유를 물어봤고, 그 신인기자는 이렇게 대답했다.

'온라인교육이 잘될 리가 없잖아요? 제가 학생 때 실패했거든요. 그러니까 온라인교육 특집은 쓰고 싶지 않아요'

그리고 어렵게 입사한 회사에 사직서를 냈다.

업무 중에는 누구에게나 하고 싶은 일이 있는가 하면, 하고 싶지 않은 일도 있다.

즉, 하고 싶은 일과 하고 싶지 않은 일이 한 세트로 되어있다.

'싫어하는 상사와 함께해야 하지만, 본인이 하고 싶은 일'도 있는가 하면, '미인과 함께하는 일이지만, 내용에는 흥미가 없는 일'도 있다.

똑같이 짜증나는 일이라도 회피해도 괜찮은 일이 있고, 회피해서는 안 되는 일도 있다.

짜증나는 일이 있었을 때에는

'회피해도 괜찮은 일인가? 회피해서는 안 되는 일인가?'를 생각하는 습관을 몸에 익힌다면, 기분을 일단 안정시킬 수 있다.

밤에 짜증나는 일이 생기면…

아침에 짜증나는 일이 있으면, 하루 종일 좋지 않은 기분으로 보내는 경우가 있다. 그렇지만 밤에 짜증나는 일이 일어나면 자는 동안 잊을 수 있다. 똑같이 짜증나는 일이라도, 밤에 생기는 짜증은 싫음의 정도가 10분의 1로 줄어든다. '잠들면 괜찮다'라고 생각하면, 기분전환이 되기 때문이다.

되도록 자기 전 좋았던 일을 떠올리면서 잠들면, 짜증나는 기분을 덮을 수 있다. 좋은 기억을 만들기 위해 추천하고 싶은 것은 이런 것이다.

① 좋아하는 애니메이션을 30분 본 후에 잔다

② 좋아하는 음악을 들은 후에 잔다

침대 위에서 스마트폰을 사용해도 좋다.

짜증나는 기분에 좋은 기분을 덮어쓰기 하면서 잘 수 있다는 것이 짜증나는 일이 밤에 생겨서 좋은 점이다. 아침이나 낮에 짜증나는 일이 있으면 이렇게 할 수 없다. 밤에 짜증나는 일이 있으면, '오, 이 거 운이 좋군. 밤에 짜증나는 일이 일어나다니. 회복하기 수월하겠는데!'라고 생각하면, 더욱 짜증나는 기분을 가라앉힐 수 있다.

여기 또다시 푸른 날이 밝아온다. 생각하라,

그대는 이 하루를 헛되이 보내겠는가?

• 토머스 칼라일

제4장

짜증나는 일을 1분 만에 잊기 위한 '7가지 행동습관'

Action to forget 1

입을 벌리고 위를 쳐다본다

짜증나는 일이 생기면, 그 날 하루 종일 회복하지 못하는 사람이 있는가 하면 1분 만에 회복하는 사람도 있다. 그들의 비결은 '마이너스를 제로로!'이다.

회복하기 위해서 필요한 것은 일단 마이너스를 제로로 만드는 것이다.

마이너스를 갑자기 플러스로 만들려고 하기 때문에 그렇게 안 되면 더욱 낙담하게 된다. 짜증나는 일이 있으면, 우선은 아무것도 생각하지 않는 것이 중요하다. 이것저것 생각하다보면 마이너스적인 일만 생각하게 된다.

사람은 하루에 '4만 5천 번'이나 '나에게는 불가능하다. 할 수 없다'라고 생각한다고 한다. '신호를 건널까? 불가능하다' '미인이 걷고 있네. 말을 걸어볼까? 그만두자' '부자가 되고 싶다. 힘들겠지…'라며, 하루에 4만 5천 번이나 생각하고 부정하는 사이클을 반복하고 있다.

짜증나는 일이 있은 직후에는 더욱더 마이너스 사고가 된다.

이때 아무것도 생각하지 않기 위해서 필요한 것은 위를 향하고 입을 벌리는 것이다.

'바보 같다'고 생각하는 사람이 많겠지만, 실제로 해보면 생각하는 것과는 다르다.

그렇게 하면, 아무것도 생각할 수 없다는 것을 알 수 있다.

심리학자로 우울증에 관해 연구한 분이 있다. 그는 우울증에 걸리는 사람은 항상 아래를 쳐다보고 있다는 특징을 발견했다. 정말로 그런 것일까?

실제로 필자 자신이 항상 머리를 숙이고 있었더니, 정말로 자신도 모르게 우울증이 생겼다.

역으로 말하면, 항상 위를 쳐다보고 있으면 마이너스 사고를 할 수 없는 상태가 된다. 위를 향하면 마이너스 사고는커녕, 아무것도 생각할 수 없다. 일단은 사고가 백지상태가 되는 것이다.

그래서 짜증나는 일이 있으면, 그 직후에 입을 벌리고 위를 쳐다보기를 추천한다.

믿기지 않을 정도로 일순간에 사고를 백지상태로 되돌릴 수 있다. '창피하니까 싫다' '바보같이 보여서 싫다'라는 반응도 이해한다. 그렇지만 창피해도 짜증나는 기분이 없어지는 것을 고려한다면, 메리트가 더 크다고 생각하자.

파블로프의 개처럼 이러한 행동을 조건반사화 되도록 한다면, 당신은 낙담하는 습관에서 해방되어 짜증나는 일이 있어도 즉시 앞을 향해 나아갈 수 있다.

Action to forget 2

종이에 짜증나는 일을 쓰고, 접어서 쓰레기통에 버린다

짜증나는 일이 있으면, 있었던 사건을 종이에 적고 그 종이를 말아 쓰레기통에 버리면 효과적이다(물론 회사에서 쓰레기통에 버리게 되면 상사가 주워서 볼 수도 있으므로 집에 돌아가서 버린다!).

종이에 적는다는 것은 '사고의 외부화'라고 하는 작업이다. 자신의 머릿속에서만 생각하고 있으면, 마이너스 사고가 맴돌면서 짜증나는 기분이 지속된다.

일단 자신의 머릿속에서 짜증나는 일을 내보낸다. 그러면 짜증나는 일이 바깥의 종이 위로 옮겨지기 때문에 머릿속에서는 짜증나는 일이 사라진다는 것이다.

어린 시절 배가 아프면 할머니들께서 배를 손으로 문질러 주시면서 '할머니 손은 약손. 우리 아가 아픈 배 다 나아라!' 하곤 하셨을 것이다. 그러면 아픈 것이 어느덧 사라지는 느낌을 받은 사람이 많을 텐데, 이것도 '아픔의 외부화'라는 작업이다.

아픔을 몸 안이 아니라, 몸 밖으로 나가게 하는 이미지를 그리는 것도 가능하다.

짜증나는 일을 적고 종이를 말아서 쓰레기통에 버린다

106

짜증나는 일이 머릿속에서 맴돌고 있으면 짜증나는 상태가 그대로 남아있게 된다. 종이에 써서 자신의 머리 안에서 밖으로 내보내면, 무엇을 고민하고 있는지가 눈으로 보인다.

일단 자신의 머릿속에서 내보내어 말아버리면, 짜증나는 일은 자신의 밖으로 날아가 버린다.

Action to forget 3

크게 소리를 지르면, 짜증나는 기분을 잊을 수 있다

'큰 소리를 내니까 속이 시원하다'라는 경험을 한 사람도 많을 것이다. 여기에는 사실 심리학적으로 확실한 근거가 있다.

'인디언 워크'라는 심리학적 처방이 있다. 아메리카 원주민은 캠프파이어 주위를 '와아아아아!!'하고 큰 소리로 외치면서 돈다. 왜 큰 소리를 내는가 하면, 크게 소리를 지르면 자아를 잊을 수 있기 때문이다. 자아라는 것은 '내가…, 내가…'와 같은 마음이다. 큰 소리를 내고 있는 동안은 다른 것을 생각할 수 없다. 즉, 마이너스적인 사고마저도 할 수 없다.

　‘큰 소리를 낼 수 있는 환경이 아니므로 불가능하다’

이렇게 생각하는 사람은 혼자라도 좋으니 과감하게 노래방에 가도
록 하자.

노래방에서 큰 소리로 노래를 부르면, 노래하는 동안은 다른 것을
생각할 수 없게 된다. 짜증나는 일이 생겼을 때 30분이라도 좋으니

혼자 노래방에 가서 노래를 부르다보면 짜증나는 일을 잊을 수 있을 것이다.

노래방은 우리 모두에게 있어서 '인디안 워크'인 것이다.

Action to forget 4

혼자서 조용한 공간에 틀어박힌다

인디안 워크의 정반대 기법이 조용한 공간에 틀어박히는 방식이다.

예를 들면 만화방이나 PC방에 가는 것을 추천한다.

인디안 워크가 큰 소리를 내면서 스트레스를 푼다면, 만화방에 틀어박히는 것은 이와는 정반대로 '침묵'이라는 스트레스 해소방법이다.

짜증나는 일은

① 큰 소리를 낸다

② 입을 다물고 다른 일에 몰두한다

이상의 2가지 중 어느 방법으로도 해결할 수 있다.

만화방에서 좋아하는 만화에 몰두하다보면, 만화의 세계에 푹 빠져서 현실세계의 짜증나는 일을 잊을 수 있다.

특히, 노력과 끈기가 주요 스토리인 만화를 읽으면, '이 정도로 풀이 죽으면 안 된다! 더욱 노력해야겠다!'라는 생각을 하게 된다.

예를 들어, 야구만화 중 「거인의 별」* 「캡틴」**을 읽다보면, 만화 안

----

* 「巨人の星」: 카지와라 잇키梶原一騎가 그린 만화로 극한의 훈련을 이겨내며 그 안에서 피어나는 우정을 그려낸 작품.

** 「CAPTAIN」: 치바 아키오千葉亜喜生가 그린 만화로 어딘가 부족한 야구팀원들이 땀과 노력을 통해 위기를 하나하나 극복해가는 모습을 그려낸 작품.

의 야구선수들이 땀과 노력을 통해 그들에게 닥친 위기상황을 극복하고 승리를 하는 것을 볼 수 있다. 그러면 안에서 무언가 끓어오르며 '자신이 처한 상황이 아직은 별거 아니다'라는 생각을 하게 된다. 한발 더 나아가 「샐러리맨 킨타로」*를 보면, '나는 아직 대담한 면이 부족한가'라는 생각이 들기도 한다.

이렇듯 만화방에 가서 조용하게 책을 읽다보면 짜증나는 일을 잊을 수 있을 뿐만이 아니라, 의욕을 충전할 수 있는 회복 에너지를 쌓을 수 있다.

---

* 「サラリ＿マン 金太郎」: 모토미야 히로시本宮ひろ志가 그린 만화로 폭주족이었던 주인공 야지마 긴타로矢島金太郎가 대기업 야마토건설에 입사하여 진실되고 능력 있는 회사원으로 거듭나는 성장기를 그린 이야기. 동명으로 일본 TBS, 아사히 방송사가 연달아 제작.

Action to forget 5

짜증나는 일이 있을 때마다 미용실에 간다

짜증나는 일이 있어서 일이 손에 잡히지 않을 때야말로 미용실에
갈 기회이다.

짜증나는 일이 있을 때 머리 모양을 바꾸면 새로운 자신으로 다시
태어난다. 헤어 디자이너에게 푸념을 하다보면 짜증나는 일을 털어
버릴 수도 있다.

짜증나는 일이 있을 때마다
미용실에 가는 습관을 들인다

미용실은 '기분전환을 하기 위해 이용한다'라고 정해 두는 것이 이상적이다. '매월 정해진 날에 커트를 한다'는 식으로 미용실 예약을 한 달 전부터 하는 것은 바람직하지 않다. 그렇게 하면 '이날에는 미용실에 가야 한다'라는 '반드시 해야만 하는 예정'이 미용실에 가는 행위가 된다.

'짜증나는 일이 있을 때 미용실에 간다'라는 습관을 들이면, 이 주만에 머리카락을 자르러 가는 경우도 있고, 두 달 동안 미용실에 안 가는 경우도 있을 것이다. 그러다 보면 '머리가 많이 길었어! 그 말은 최근에는 짜증나는 일이 없었다는 거군'이라며 생각하는 날이 올 것이다. 그렇게 되면 머리카락의 길이가 바로미터가 된다.

필자는 8년 이상이나 오모테산도에 있는 미용실 '코쿤'의 VAN씨라는 헤어 디자이너에게 머리를 맡기고 있다. 방문한 지 한 달도 안 되어 미용실에 가면, '이시이 씨, 무슨 일이 있었나요?'라고 물어보고는 내 푸념을 들어준다. 두 달쯤 후에 미용실에 가면, '이시이 씨, 머리가 많이 길었어요. 요즘에는 컨디션이 좋으셨네요!'라고 첫마디를 건넨다. 이런 말을 들으면 '그러고 보니 최근에는 좋은 일이 계속되었구나!'라고 자신을 되돌아볼 수 있다.

이렇게 짜증나는 일이 있을 때 미용실에 가면, 미용실에서 나올 때에는 긍정적이고 적극적인 기분이 되어서 나올 수 있다.

미용실은 짜증나는 일을 잊고, 새로운 자신으로 태어나기 위한 장소인 것이다.

Action to forget 6

짜증나는 일이 있으면 영화관에 간다

짜증나는 일이 있는데 '앞으로 3시간 정도 시간이 있다'면, 망설이지 말고 영화관에 가자.

일이 잘되어 바쁠 때에는 영화를 보려고 해도 시간이 나지 않아 좀처럼 영화관에 갈 수 없다. 짜증나는 일이 있어서 일이 손에 잡히지 않으면 영화관사이트를 접속하고, 보고 싶었으나 아직 보지 못한 영화를 보러 가자.

짜증나는 기분을 잊으려면, 집안에서 가만히 있기보다는 밖으로 나

가는 편이 좋다. 짜증나는 일이 있을 경우, 영화를 볼 찬스라고 생각
하면 마이너스였던 기분을 플러스로 전환할 수 있다.

대부분의 경우 필요한 시간은 무슨 영화를 상영하고 있는지를 검색
하고, 예매한 영화를 보는 것까지 합해서 대체로 3시간이면 충분하
다. '그럴만한 시간이 없다'면 들고 있는 스마트폰으로 영화를 볼 수
도 있는 시대이다. 영화관에 가는 편이 좋겠지만, 들고 있는 스마트
폰으로 영화의 세계로 들어갈 수가 있다.

'짜증나는 일이 있고, 자유롭게 쓸 수 있는 시간이 3시간 정도 있다면 영화관에 간다'라고 미리 정해두자. 짜증나는 일이 있어도 1분 만에 기분을 전환할 수 있다.

Action to forget 7

오행(목화토금수)이 있는 온천에 간다

무엇보다 최고의 망각 툴은 온천이다. '온천에 간다'라는 것은 짜증나는 일을 잊기 위한 최고의 행동습관이라고 할 수 있다.

오행(목화토금수)이 갖추어진 곳에 가면, 기분을 새롭게 할 수 있다.

목木…… 노천탕에는 나무가 심어져 있거나, 히노끼탕이 있는 경우가 많다

화火…… 뽀글뽀글 아래로부터 뜨거운 물이 솟아오른다

토土…… 노천탕에는 흙이 있다

금金…… 온천의 샤워기 등은 금속으로 되어있다

온천에는 사람에게 필요한 5가지의 요소가 있으므로 긴장을 풀 수 있다.

온천에는 노래방이 있거나, 만화책이 있는 곳도 있다. 만약에 3시간 이상의 시간적 여유가 있다면, 온천에 간다고 정해두자. 짜증이 날 때 마이너스 기분을 리셋하는 최고의 장소, '온천'을 갈 수 있다고 생각하는 것만으로도 짜증스러운 기분을 바꿀 수 있다.

[정리]

'시간이 어느 정도 있는가'에 따라서 행동을 바꾼다

짜증나는 일이 있는데, 그 후의 시간이 자유로운 경우가 있는가 하면, 짜증나는 일이 있어도 즉시 일을 해야 하는 경우도 있다.
즉, '앞으로 자유시간이 어느 정도 있는가'에 따라, 앞에서 열거한 7가지 중에서 행동습관을 선택할 필요가 있다.

이상과 같이 짜증나는 일이 있을 때 자유롭게 사용할 수 있는 시간에 따라서, 해소할 방법을 정해두면 회복이 빠르다.

대부분의 사람은 짜증나는 일이 있으면, 그 자리에서 마이너스 사고의 악순환에 빠지게 된다. 이는 짜증나는 일이 있을 때, 이후에 무엇을 하면 좋을지를 미리 정해두지 않았기 때문에 더욱 마이너스 사고만 하게 되는 것이다.

하지만, '이후에 무엇을 할 것인가'하는 플랜 B를 정해 두는 것만으로도 짜증나는 기분은 반으로 줄일 수 있다.

인간은 운명의 포로가 아니라
단지 자기 마음의 포로일 뿐이다.
• 프랭클린 루스벨트

제5장

제3자를 이용하면 잊을 수 있다

LOSE

타인의 탓으로 돌리자

상대방의 능력이 모자란다고 생각한다

당신을 짜증나게 한 사람이 있는 경우에는 '상대방의 능력이 모자라니까 어쩔 수 없다'라고 생각하고, 포기하는 일도 중요하다.

만사가 능숙해지는 것은 지도자의 몫이다.
마라톤 금메달리스트인 다카하시 나오코高橋尚子* 선수도 고이테 요시오小出義監 감독을 만나기 전까지는 무명의 러너였다. 이 말은 즉, 표현이 다소 극단적이긴 하지만 나오코 선수에게 있어서는 고이테 감독 이외의 코치는 무능했다고 할 수 있다. 그때까지 마라톤 러너를 제어하지 못했던 것은 선수가 아니라 지도자가 나빴다는 것을 의미한다.

유명한 야구선수인 스즈키 이치로鈴木一朗 선수조차도 오릭스에 입

* 2000년 시드니올림픽 여자 마라톤부문 금메달리스트(2시간 23분 14초의 기록).

단하고 1년 동안은 감독에게 기용되지 않았었다.

"배팅 폼이 형편이 없어"

감독은 이렇게 말하면서 이치로 선수를 1군으로 올리지 않았다.

입단 후 2년 차에 오기 아키라仰木彬 감독이 취임하자, 이치로 선수는 바로 1군으로 승격하면서 좋은 성적을 올리기 시작했다. 즉 회사에선 이치로 선수 정도의 능력을 가지고 있어도 간파하지 못하는 상사도 있다는 말이다.

필자의 친구로, 메이저리그 시애틀 매리너스Seattle Mariners의 전 피칭 코치였던 와키타脇田라는 사람이 있다. 집안 사정으로 메이저리그의 코치를 그만두고 가고시마로 이주하게 되었는데, 그가 이주한 다네가시마 섬에는 중학교가 2개밖에 없었다.

그가 부임하자, '메이저리그의 피칭 코치가 왔다'라는 소식이 온 섬에서 커다란 화제가 되었고, 그가 코치한 다네가시마의 중학교가 규슈대회에서 우승을 하며 승승장구하기 시작했다.

원래 재능이 있는 선수를 모집한 것이 아니라, 현지 중학생에게 야구 기술을 가르쳤을 뿐이었다. 하지만 와키타의 지도로 2013년에는 그의 야구팀이 전국 중학교 대회까지 우승하며 일본 제일이 되었다.

지도자가 우수하다면, 야구와 같은 인기 스포츠 전국 대회에서 우승을 할 수 있다.

만약 상사가 일류 지도자로서의 자질을 갖추고 있다면 당신을 짜증나게도 하지 않고, 유쾌한 기분이 되도록 리드하면서 당신의 문제점을 개선할 수 있었을 것이다.

'내가 짜증나는 기분이 된 것은, 상대방의 코칭 능력이 낮기 때문이다.'

이렇게 생각하면 책임은 자신이 100퍼센트가 아니라, '상대가 90퍼센트-자신이 10퍼센트'로 나눠 갖는 것이다.

자동차 사고도 자신에게 책임이 100퍼센트 있다고 한다면, 멈추어 있는 상대방의 차를 추돌했을 경우에 불과하다. 보통 움직이는 차끼리 부딪쳤을 때, 아무리 본인에게 잘못이 있다고 해도 상대의 책임도 몇 퍼센트 정도는 있다고 판정하지 않는가.

즉 짜증나는 일을 당했을 때 자신에게 잘못이 있을 뿐만이 아니라, 상대에게도 과실이 있다고 생각하면, 당신의 짜증나는 기분은 적게는 20퍼센트, 많게는 90퍼센트 정도까지 감소시킬 수 있다.

모든 것은 지도자의 책임이라고 생각한다

필자는 아나운서로 5년간 근무했지만, 빈말이라도 능력 있는 아나운서라는 말을 듣지 못했다. 필자가 경험한 아나운서의 세계는 이러한 세계였다.

> "돈을 받고 있는 이상 모든 아나운서는 프로다. 남에게 가르침을 구걸하지 마라! 선배의 기술을 보고 훔쳐라!"

그래서 선배나 상사, 그 누구도 아나운스 기술에 관해서는 가르쳐 주지 않았다.

3개월 정도의 연수기간은 있지만, 그것만으로는 일류가 될 수 없다.

즉 필자가 아나운서로서 일류가 되지 못했던 것은 능력이 부족해서

만이 아니었다. '나를 일류로 만들 만한 능력 있는 지도자가 없었다'

라는 환경적 요인도 어느 정도 있었던 것이다.

이렇게 말하면 '정말 뻔뻔하군!'하고 비난을 받을지도 모르겠다(네.

그래요. 저는 뻔뻔합니다!).

필자는 골프를 별로 치지 않는다. 아마도 똑바로 공을 치지도 못할

것이다. 그렇지만 유능한 선생을 만나게 된다면 프로 골퍼가 될 자

신은 있다. 다만 현재로서는 필자를 한 달 이내에 프로골퍼로 만들

수 있을 정도의 뛰어난 지도자를 만나지 못했을 뿐이다.

필자는 수영도 잘 못한다. 예전에 수영을 하고 있었는데, 허우적거

리고 있는 것으로 오인받아 구출된 적이 있을 정도이다. 하지만 이

것은 단지 내가 못하기 때문만이 아니라, 필자를 한 달 만에 박태환

선수 수준으로 끌어올릴 수 있는 우수한 지도자를 만나지 못했기 때문이다.

필자가 이렇게 생각하게 된 것은 중학교 1학년 때 카리스마 넘치는 영어강사 스도 선생님을 만난 것이 계기가 되었다. 스도 선생님은 당시의 죠난학원 아오바다이 지점의 영어강사였다. 그는 "예습하지 마라. 시간이 아깝다. 복습도 하지 마라. 시간이 아깝다. 내 수업을 듣는 것만으로도 90점을 받게 될 테니 안심해라. 예습이나 복습을 시키는 선생은 모두 삼류다. 매주 90분의 수업만으로 모든 학생이 90점을 받을 수 있게 하지 못하는 선생은 모두 삼류다"라고 말하는 선생님이었다.

지금 생각해도 짜릿한 말이다.

선생님 덕분에 집에서 전혀 공부를 하지 않아도, 중학교 1, 2학년 때 같은 반 친구들 선원이 90점을 유시하었나. 그러나 중학교 3학년 때에 학원측에서 그 선생님을 최상급반이 아니라, 제일 하급반을 맡도록 했다. 불평하는 학생들도 있었고, 학원을 그만두게 하는 부모도 속출했다. 스도 선생님의 뒤를 이은 선생님은 "예습과 복습은 중요하다. 내 수업만으로 성적이 오른다고 생각하면 안 된다"라고 하였다. 완전히 정반대의 사고를 지닌 선생님이었다.

반 학생들의 영어 성적은 급격히 떨어지고, 필자의 영어 점수도 95점에서 75점이 되었다.

그 결과 필자는 고등학교 제1지망에서 떨어졌고, 합격실적이 부진해진 죠난 학원의 아오바다이 지점도 다른 학원으로 흡수되었다.

유능한 지도자가 있으면 성적은 오르고, 유능한 지도자를 만나지 못하면 성적은 오르지 않는다.

당신이 지금 일이 잘되지 않는다면, 그것은 당신을 가르치는 사람이 서투르기 때문이다.

당신에게는 무한한 가능성이 있다.

그 가능성을 이끌어 낼 수 있는 지도자를 만날 수 있는지의 여부가 인생의 성공 여부를 가르는 포인트가 된다.

사리에 맞지 않는 화를 내지 않는다

'상사의 성격이 좋지 않다. 또 짜증이 난다'와 같은 일은 회사생활을 하다보면 수없이 있을 것이다.

회사원 중에서 '프로 과장' '프로 부장'은 존재하지 않는다. 만약에 그런 사람들이 있다면, '만년 과장' '만년 부장'이라고 불리게 된다. 대개는 평사원일 때 우수한 성과를 냈기 때문에 승진하여 상사가 되었을 뿐이다.

즉 가르치는 프로가 상사가 된 것이 아니라, 우수한 플레이어가 우연히 상사가 된 경우일 뿐이다. 프로라면 불평이라도 할 수 있지만, 원래 가르치는 프로가 아닌 상사에 대해 불평하는 것은 아무 의미가 없다.

프로 가수에게 "당신은 글씨를 잘 못 쓰시네요"라고 말해도 별로 의미가 없다.

'상사에게 배우자'라고 생각해도, 상사는 원래 가르치는 것이 능숙하지 않은 사람일 뿐이다.

'끈기로 버텨라! 집중해라!'라는 것은 가장 하수의 교수법이다.

'어떻게 하면 끈기를 발휘하지 않고, 집중도 하지 않으면서 매출을 올릴 수 있을까?'를 구체적으로 제시하는 것이 본래 상사의 역할이다. 그렇지만 그것은 매우 어렵다. 만약에 그렇게 할 수만 있었다면, 그 상사는 연봉 3~5천만 원에 만족하지 않았을 것이다. 이미 회사를 그만두고 억만장자가 되었을 테니까.

상사는 가르치는 것이 능숙하지 않은 존재이며, 만약에 가르치는 것이 능숙했다면 원래 회사원이라는 프레임에 있지 않았을 것이다. 상사에게 화를 낼 것이 아니라, '교수법이라는 것은 어렵다'라고, 동정하는 것이 정답이다.

짜증나게 하는 쪽에서도 에너지가 필요하다

당신을 짜증나게 하는 사람도 에너지를 사용한다.

무시하면 좋겠지만, 일부러 미움 받을 것을 각오하고 말하는 것이다. 이렇게 생각하면

'일부러 나를 짜증나게 하려고 하다니, 할 일도 많을 텐데, 그 사람
도 힘들겠군!'이라고 생각할 수 있다.

'부부싸움이 끊이지 않아요. 어떻게 하면 좋을까요?'라며 고민하던
남자가 있었다.
그 이야기를 듣고 다른 남자는 '좋겠네, 싸우기도 하고. 우리는 최근
몇 년 동안 말도 하지 않고 있어. 말을 한다는 것 자체만으로도 부
러운 일이야'라고 생각할 수 있다.

싸움을 한다는 것은 에너지를 사용하고 있다는 것이기 때문에 그래
도 괜찮은 편이다. 짜증나게 하지도 않고, 에너지도 사용하지 않게
되었을 때가 정말로 괴로운 때이다.
'짜증나는 것이 무시 받는 것보다 좋은 상태다'라고 생각하면, 자신
을 짜증나게 하는 사람에게 감사의 기분을 갖게 된다.

분노는 인화한다

사람은 같은 일로 10분 이상 화내고 있을 수 없다고 한다. 분노는 폭발하는 순간에 바로 수습단계로 이어지기 때문이다. '아니야, 나는 10분 이상 화가 났던 적이 있어'라는 사람도 있을 수 있다.

하지만 1가지 일로 화를 낸 이후에 '그러고 보니, 그때도 이랬었지?' '5년 전에는 그런 일이 있었어' 하며, 다른 일로 분노가 '인화' 되었다는 것을 알아차리게 된다.

화를 내는 측도 처음에는 1가지 일로 화를 내다가 어느새 왜 처음에 화를 냈는지를 잊게 된다.

> 상사: '이봐, 이 A 프로젝트 건은 어떻게 됐어! 왜 보고가 없어!'
> 당신: '죄송합니다'
> 상사: '어제도 다른 건으로 실수를 했지 않는가?'
> 당신: '죄송합니다'

상사: '그러고 보니, 지난달에도 거래처에서 실수가 있었다고

　　　연락이 왔어!'

당신: '죄송합니다'

상사: '동료인 저 녀석도 자네에 대해 안 좋게 말하던데!'

당신: '죄송합니다'

상사: '생각났어. 그 건은 어떻게 됐어?'

분노도 점점 망각하게 되므로, 분노를 지속시키기 위해서 10분 후

에는 반드시 처음의 건과는 다른 건으로 분노를 인화하게 된다.

이렇게 생각하면, 당신이 화를 나게 한 것은,

　① 처음의 건

　② 인화한 건

으로 나눌 수 있다.

당신을 짜증나게 한 사람은 화를 내는 것만으로도 에너지를 쓰는

데, 이런 상태를 지속시키는 것은 더 많은 에너지를 필요로 한다. 장

시간 혼이 나서 짜증이 났다면, 사고방식을 바꾸어보자.

'대단하다. 사람은 같은 일로 10분 이상 화를 낼 수 없는데, 점점 격렬해지는군. 이렇게 긴 시간 화를 내기는 어려운데, 오랫동안 화내는 노하우를 실제 체험할 수 있는 좋은 경험이다'라고 생각하면, 반대로 자신을 짜증나게 하는 상대를 존경할 수 있다.

상대방이 화를 낼 때, '나에게 화내는 에너지를 사용해주어 고맙다'라고 감사하게 생각해보자. 그러면, 짜증나는 기분도 사라져 간다.

짜증나는 일을 예측하도록 한다

짜증나는 일이 생겨서 낙담하는 것은 갑자기 일어나기 때문이다.
자신이 실수를 했을 때, '바보 같은 놈'이라고 지적받을 것을 예측하고 있었다고 하자.
그때 들은 첫마디가 바로 '바보 같은 놈'이라면, '예측이 바로 적중했다. 나는 초능력자가 아닐까? 앞으로도 이렇게 예측하는 능력이 발휘된다면, 다음 일은 잘되겠다'라는 생각이 들 것이다.

예상외의 말을 들으면 짜증이 난다. '잘했어. 칭찬해줘야겠어!'라는 말을 들으리라고 예측하고 있는데 '바보 같은 놈'이라는 말을 들으면 낙담한다. '바보 같은 놈이라고 말할 것이다'라고 예측하고 있는데, '수고했어! 오늘부로 해고야'라는 말을 들으면 낙담한다.

예측을 한다면 낙담하는 횟수가 훨씬 줄어든다.

취직시험에서도 '10개 회사에 지원서를 넣어서 1개 회사에 합격할 것이다'고 예측을 하면, 9개 회사에서 떨어져도, 그다지 실망은 하지 않는다. '지원한 회사에 전부 합격을 하지 못한다면 인간으로 실격이다'라고 생각하고 있으면, 1개사만 떨어져도 낙담한다.

예를 들어, '책을 출판하고 싶다'라고 생각하는 사람은 '이시이 다카시가 13번째 방문한 출판사에서 출간이 정해졌다는데, 나는 12번째에 정해진다면 빠른 편이다. 그럼 14번째 이후에 정해지면 조금 늦은 편이다'라고 생각하면, 5번 연속해서 거절당한 건 좌절 축에도 못 낄 것이다.

'어째서 나는 안 되지? 사람을 알아보는 안목이 없군!'이라고 화를 내고 싶어질 때도 마찬가지이다.

이치로 선수조차도 프로입단 시절에는 드래프트 4위의 선수였다.

대부분의 스카우트가 프로를 선발하는 스카우트임에도 불구하고, 그의 투수로서의 능력밖에 보지 못한 채 타자로서의 능력은 평가하지 못했기 때문이었다. 12개 구단이 이치로 선수를 드래프트의 상위 3위까지의 선수로 뽑지 않았다. 즉 3 × 12, 즉 합계 36명의 선수가 해당연도에 이치로 선수보다 능력이 상위라고 평가받은 것이다.

사람을 알아보는 눈은 이 정도로 어렵다.

'어째서 나는 평가를 받지 못하는가?'라고 생각할지도 모르지만, 이치로 선수조차도 좋은 평가를 받지 못했던 시절이 있으므로, 당신이 당신만의 우수한 능력을 평가받지 못하는 것은 당연하다. 이렇게 생각하면, 짜증나는 기분은 점점 더 사라질 것이다.

변호사와 상담하여 짜증나는 일을 잊게 된 이야기

필자는 과거에 7천만 원 정도를 사기 당한 경험이 있다. 당시는 매우 낙담했지만, 그때도 제3자의 도움을 받은 망각술로 기분을 새롭게 할 수 있었다.

사기를 당하고 변호사에게 "억울합니다. 고소하면 이길 수 있습니까?"라고 상담했는데, "이것은 100퍼센트 이시이 씨의 패배입니다. 다른 변호사가 담당을 해도 패배가 확실하므로 변호를 맡지 않을 것입니다. 7천만 원의 손실을 아까워하고 있을 시간이 있으면, 7천만 원을 버는 편이 이시이 씨의 경우는 빠르겠습니다"라며 기분전환의 방법까지 가르쳐 주었던 적이 있다.

"… 이렇게 억울한 일이 있었습니다"라고 상담했을 때에도 "아니, 제가 의뢰받은 사건 중에서는 10단계 중 1단계에 해당하는

가벼운 사건입니다. 이 정도로 고민하지 마세요”라고 단번에 짜증나는 기분을 해결해준 적도 있었다.

트러블 해결을 직업으로 하는 변호사에게 상담하면, 자신의 고민이 얼마나 가벼운지를 알 수 있다.

물론, ‘이것은 10단계 중에서 9단계에 해당하는 사건입니다’라고 말하는 경우도 있겠지만, 낙담은 변호사에게서 이런 말을 들은 다음에 ‘아! 이것은 낙담해도 괜찮겠군!’이라고 느끼고 나서, 그때 해도 늦지 않다.

스스로 해결하는 것이 아니라 제3자의 도움으로 짜증나는 기분이 해소되는 경우도 많다.

삶을 결정하는 것은 습관적인 생각이다.
그것은 주변 사람들과의 친밀한 관계보다
더 커다란 영향을 미친다.

· J. W. 틸

제6장

상황별 망각술

ALL CLEAN
CLEAN

화가 났다

"자네는 왜 이런 일도 못하는 거야? 당장 그만둬!"

상사가 화를 내면서 고함치는 소리를 들은 경험은 회사원이라면 누구에게나 있다. 필자 자신도 텔레비전 방송국에서 아나운서로 샐러리맨 생활을 5년간 경험하였는데, 이러한 일이 특히 필자에게 많이 일어났다.

화가 났을 때 기분을 바꾸는 방법은 상대의 입장에서 생각하는 것이다.

질책을 받는 입장에서 '괴롭다'라고 생각하는 것은 일방적인 견해이다. 반대로 화를 내는 입장에서 보면 '화내는 일도 힘들다'라고 생각할 것이다.

이전 같으면 '부하에게 욕설을 퍼붓는 것이 무엇이 나쁜가? 부하가 실수를 하면 화내는 것은 당연하다'라는 것이 상식이었다. 그러나 지금은 '파워 해러스먼트_{power harassment}'*의 문제가 발생한다.

'실수를 하다니! 이 자식!'이라는 말만으로도 '파워 해러스먼트'라고 인사부에 통보되는 경우도 있다.

학교교육에서도 체벌을 당연시 여기던 시대가 있었고, 더 거슬러 올라가면 '토츠카 요트 스쿨'**과 같은 스파르타 교육을 좋아하는 시대도 있었다.

지금은 '토츠카 요트 스쿨'을 모르는 젊은이가 늘어나고 있을 정도로 체벌은 '절대 금지'라는 것이 상식이다.

이전에는 상사가 일상적으로 부하에게 화를 내면 일이 잘 진행되었다. 지금은 "○○씨, 이것을 해 주세요"라고 정중하게 말하지 않는 것만으로도 '고압적이다. 파워 해러스먼트다'라고 생각될 수도 있다.

만약에 상사가 당신에게 화를 냈다면, '파워 해러스먼트로 해고될

---

* 회사상사가 자신의 권위를 앞세워 언어적, 신체적 폭력 행사 및 사생활 침해 등의 과도한 요구를 하는 것.

** 요트선수 출신인 토츠카 히로시戸塚宏가 세운 학교로, 초기에는 항해기술을 가르치는 학교였으나 정서장애에 토츠카식 카리스마 교육법이 좋다는 매스컴 보도로 유명해졌다. 이에 많은 부모들이 자신들의 자녀들을 토츠카 요트 스쿨로 보냈는데, 1980년대에 훈련생이 사망하고, 상해치사, 실종 등의 사건이 발생하였다. 이후 토츠카와 토츠카 스쿨의 코치들은 기소되었고 19년의 장기재판 끝에 스쿨의 방침이 교육적인 체벌보다 가혹한 폭행이라는 판결이 났다.

위험성이 있는데도 나에게 화를 내고 있네'라고, 즉시 머릿속에서 전환시켜보라.

당신은 질책을 받고 짜증이 났겠지만, 화를 낸 당사자의 입장에서는 '참으려고 했는데…. 결국 화가 나서 큰 소리를 내고 말았네. 인사부에 통보하면 파워 해러스먼트로 해고될지도 모르는데. 아직 애들도 어린데…'라고, 화낸 뒤에 후회하고 있을 가능성이 있다.

'아니 저 밉살스러운 상사는 그러지 않을 거야'라는 생각이 든다면, 질책을 받았을 때에 자신이 냉정하게 대답하는 모습을 상상해 보자.

"그 말투는 파워 해러스먼트에 해당합니다. 그것을 각오하시고 말씀하시는 거지요? 이런 일이 있을 것 같아서 미리 준비하였습니다. 이 대화는 녹음되고 있습니다. 바로 인사부에 통보해도 괜찮으시겠어요?"

조금 과장된 듯하지만, 이와 같이 마음속에서 상상하는 순간에 '아니야, 상사에게도 가정이 있는데 고발하면 안 되겠지. 나보다 상사가 더 괴로운 입장이군'이라고 생각될 것이다.

화가 난 순간에 '상사가 나보다 더 괴로운 입장이다'는 생각이 들면, 상대에 대한 분노가 동정으로 바뀐다.
화내는 쪽보다 질책을 받는 편이 책임이 적다.

상사가 항상 도리에 어긋난 말을 한다

"오늘 중으로 이것을 끝내게! 당연히 잔업수당은 없어' 하고, 오후 4시에 말하는 경우도 있을 것이다. '이번 달의 의무 할당액은 5천만 원이다. 반드시 달성하라!'라고, 무리하게 요구를 하는 경우도 있다.

상사를 잘못 만났다는 것은 샐러리맨이라면 누구나 한 번쯤은 경험하는 고민이다.

'좋은 상사를 만났습니다. 정말로 존경하는 상사입니다'라는 경우에도 인사이동으로 다른 부서로 가게 되면, 짜증나는 상사가 기다리고 있는 것이다.

회사생활은 짜증나는 일과 어떻게 타협할 것인가에 대한 승부이다. 필자의 부친은 정년인 65세까지 샐러리맨으로 근무했다. 긴 회사생활 동안 부친에게도 짜증나는 일은 매일 있었을 텐데, 마이너스 기분을 플러스 기분으로 한순간 변환시키는 방법을 생각해서 매일 웃는 얼굴로 회사에 출근했다.

부친은 짜증나는 일이 일어날 때마다, '좋은 술 안주거리가 생겼다'고 생각했다.

'샐러리맨은 최고다.

싫어하는 상사가 있으면 그를 안주거리로 삼아 술을 마실 수 있다./ 도리에 맞지 않는 일이 있으면, 그것을 안주거리로 술을 마실 수 있다./ 술 안주거리로 제일 맛있는 것이 '짜증나는 일'

이다./ 짜증나는 일이 있으면 새로운 안주거리가 생겼다고 생각하면 된다./ 짜증나는 일을 잊기 위해서 술을 마시는 것은 도망치는 것과 같다./ 거기에서 한 걸음 나아가 술을 마시기 위해서 샐러리맨 생활을 한다고 생각하면 된다./ 그렇게 생각하면 매일 안주거리가 생긴다.

술꾼에게 있어서 최고의 직업은 샐러리맨이다'

이것들이 아버지의 말버릇이었다.

「거인의 별」에서 주인공인 호시 휴마가 메이저리그 1호 볼을 생각했을 때의 에피소드가 있다.

선사의 스님으로부터 '맞지 않으려고 하니까 맞는 것이다. 그러지 말고 한 걸음 나아가서 맞으려고 해보라. 그러면 맞지 않을 것이다'라는 말을 듣고 '아, 그렇구나!'하고 감명을 받았다.

샐러리맨 생활도 마찬가지이다. 혼나고 싶지 않다고 생각하기 때문에 혼나는 것이다. 그러지 말고 혼을 내라고 해라. 혼나면 그날 밤에 술을 마실 수 있다.

이렇게 생각하면 짜증나는 일이 생기는 것이 오히려 즐거워진다.

‘짜증나는 일 = 맛있는 술’이라고, 뇌 속에서 변환이 일어나기 때문이다.

샐러리맨을 그만두겠다고 부친에게 말씀 드렸을 때에 이런 말씀을 하셨다.

“회사를 그만두겠다고? 왜 그렇게 어리석은 생각을 해? 샐러리맨을 계속하면 매일 짜증나는 일을 만날 수 있는데…. 맛있는 술을 마시지 못하는 길을 선택하다니, 정말 어리석구나!”

아버지는 회사에 다니시던 시절에 ‘전설의 술꾼’이라는 별명을 얻어 많은 회사 동료들이 ‘이시이 씨와 한잔 했지’라며 자랑스럽게 말할 정도였다.

짜증나는 일로 낙담하고 있다면, 당신은 아직도 ‘술꾼’으로서는 아마추어다. 당신도 ‘전설의 술꾼’이 된다면, 짜증나는 일은 모두 ‘맛있는 술’로 바뀌게 된다.

회사에서 갑자기 해고된 사람도 있을 것이다. '오랫동안 근무하던 회사가 갑자기 도산했다. 우리 회사는 잘 운영되고 있었는데, 거래처가 부도가 나서 연쇄도산으로 이어졌다'라고 하는 사람도 있을 것이다.

회사에서 해고를 당해 낙담하는 이유는 전직을 하더라도 현재의 회사에 있었을 때보다 더 좋은 대우를 받을 수 없을 것이라고 생각하기 때문이다. '월급이 2백만 원인 블랙기업에서 정리해고 되고, 월급이 5백만 원인 회사에 취직했다'고 한다면, 아무도 낙담하지 않을 것이다. 낙담하는 경우는 '월급이 5백만 원인 회사에서 정리해고되어 월급이 2백만 원인 회사에 취직할 수밖에 없다'고 하는 경우이다.

정리해고 그 자체에 낙담하는 것은 잘못되었다.

정리해고 되었을 때, 보다 좋은 조건의 회사에 취직할 수 없을 경우에만 낙담하면 된다.

'이 자식! 너 같은 것은 해고다!'라는 폭언을 듣고 정리해고가 되었어도, 그 후에 급료가 많은 회사에 취직하였다면, 폭언을 들은 것은 쉽게 잊을 수 있다.

'대단히 죄송합니다. 당신의 능력을 매우 높게 평가하고 있어 아까운 인재라고 생각하지만, 회사로서도 어쩔 수 없는 상황입니다'라고 정중하게 정리해고 되었다 해도, 그 후에 대우가 좋지 않은 회사에 취직하였다면, '옛날이 좋았다'라고 낙담한다.

정리해고 된 것을 자신의 탓으로 돌리는 것은 잘못이다.

만약에 책임을 추궁한다면, 정리해고 된 후 현재보다 좋지 않은 대우를 받게 되었을 때에 자신을 탓해도 늦지 않다.

즉, '낙담하고 있을 시간이 있으면, 적극적으로 활동하는 편이 좋다'라는 것이다. 정리해고 되었을 때의 올바른 사고회로는 이렇다.

'지금이 연봉을 더 많이 받는 회사로 전직할 찬스다'
'그래 지금이 바로 억만장자가 될 찬스다'

필자가 샐러리맨일 때에 생각했던 것은 '샐러리맨으로 살아가는 것

은 위험이 크다. 왜냐하면 회사원으로 연수입 10억 원을 올리는 것
은 불가능하기 때문이다'라는 것이었다.

선배도 연 수입 10억 원, 상사도 연 수입 10억 원, 사장도 연 수입
10억 원이라면, 그 회사에 매달릴 의미가 있을지도 모른다. 그러나
상사는 연 수입 1억 원, 사장은 연 수입 2억 원이라면 독립하는 편
이 당신의 수입을 올리는 데 도움이 될 것이다.

정리해고는 억만장자가 되기 위해 한 걸음 내디딜 수 있는 찬스라
고 생각하면, 낙담하는 일은 없게 된다.

좋아하는 사람에게 기분 나쁜 대우를 받았다면

좋아하는 사람으로부터 심한 말을 들으면 움추려든다. 아내에게 심한 말을 듣거나, 남편에게서 심한 말을 듣는 경우는 부부생활을 하면 누구든지 100퍼센트의 확률로 경험한다.

그럴 때 '심한 말을 들어도 헤어질 수 없을 정도로 이 사람에게 애정을 가지고 있구나'로 변환해보자. 싫어하는 사람한테서 욕을 먹더라도 즉시 회복할 수 있다.

거리를 걷다가 불량한 사람들과 어깨가 부딪쳐서 '뭐야? 이 자식!' 이라는 말을 들으면 대개 다음 날에는 잊게 된다. 아무래도 상관이 없는 사람이 무슨 말을 해도 신경이 쓰이지 않기 때문이다. 반대로 말하면, 자신에게 소중한 사람에게서 심한 대우를 받게 되면 슬프다는 것이다.

'부모가 심하게 대해서 낙담했다'라는 것은 그만큼 자신에게 있어

부모가 중요한 존재이기 때문이다.

'부모는 아무래도 상관 없어'라고 생각하는 사람은 부모에게서 무슨 말을 들어도 낙담하지 않는다.

'이제는 남편과 헤어져야겠어' 하고 결심하는 아내는 남편에게서 무슨 말을 듣더라도 아무렇지도 않다. 남편을 소중한 존재라고 생각하고 있기 때문에 그에게서 심한 말을 들으면 낙담하게 되는 것이다.

심한 말을 들어서 낙담하게 되면, '아. 나는 이 사람을 사랑하고 있구나. 매우 소중하게 생각하고 있구나'라고, 변환하면 기분이 나아질 것이다.

메신저에 답장이 없다면

'메시지를 보냈는데 답장이 없다. 메일을 보내도 답장이 없다. 그 사람이 혹시 나를 싫어하는 것은 아닐까?'라고 느끼는 사람이 있다. 하지만 답장이 없다는 것과 싫어하는 것과의 사이에는 전혀 관련이 없다. '깜박하고 잠시 답장을 못했다'라는 경우도 있고, '10번까지 답장을 못했지만, 11번째에 답장을 한다'는 사람도 있다.

어쩌다가 그때의 기분에 따라 답장을 할 때가 있는가 하면, 못할 때도 있는 것이 메신저나 메일을 주고받는 방법이다.

답장을 하지 않는 이유는

① 귀찮다

② 그다지 좋아하지 않으니까

③ 아무 생각도 하지 않는다

중의 하나이다.

물론 '싫어서'라는 이유가 있을지도 모르겠다.

하지만 상대를 싫어하는 데에도 에너지가 필요하므로 '그 정도로 좋아하지는 않았다'라는 것이 답장을 하지 않는 이유로 보는 것이 정확할 것이다.

현대는 정보화시대이다.

연예계에 미인 여배우가 나타나면, 이어서 바로 새로운 미인 여배우가 탄생한다. 당신이 현재 영어회화학원에 다니고 있다고 해도, 또 다른 영어회화학원의 정보를 입수하게 되면, 그쪽에도 가보고 싶어질 것이다. 상대가 당신의 메시지를 보았다고 하더라도, 우연히 다른 친구와 메시지를 주고받는 중일지도 모르는 일이고, 새로운 친구와 주고받느라고 바쁠지도 모른다. 계속 새로운 정보가 전달되기 때문에 당신의 메시지는 다른 대량의 메시지에 파묻혔을 뿐이다. 당신의 메일 박스가 가득 차있다면, 상대의 메일 박스도 빽빽하게 차있을 것이다. 당신이 '답장이 없다'고 불평하는 상대도 아마 다른 사람에게 '답장이 없다'고 불평하고 있을 것이다.

요즈음은 온 세상이 정보로 넘쳐흐르고 있으며, 광고도 넘쳐나고, 중요한 정보도 일일이 체크하지 못하는 상태이다. 만약에 메시지를 놓치지 않을 방법이 있다면, 이미 광고회사가 그 방법을 채택하여 실행하고 있을 것이다. 거래처, 가족, 기업의 광고를 포함하여 하루 천 통 이상의 메시지가 오는 사람에게 '왜 답이 없어?'라고, 일일이 화를 내는 것은 의미가 없다.

애인에게 차여서 낙담하는 것은 '이제 더 이상 만날 수 없다'라는 상실감 때문이다.

'애인에게 차여 낙담하고 있다'라는 사람이 있는데, 만약에 헤어진 직후에 매우 멋지고, 돈 많은 남성으로부터 '결혼해달라'라는 청혼을 받는다면 어떨까? 낙담은 한순간에 자취를 감출 가능성이 높다.

'20살 때부터 35살까지 오로지 그 남자 하나만 믿고 사귀었는데 헤어지자고 했어. 청춘을 돌려줘! 고소할거야!'라는 여성도 있을 것이다. 그렇지만 헤어지자마자 더 멋진 남성과 만난다면 짜증나는 일은 모두 잊어버리게 된다.

즉, '짜증나는 일'은 '그 후에 좋은 일이 일어날 때까지의 일시적인 상태'라고 할 수 있다.

'1억 원의 손실을 냈다'라고 하면 누구나 낙담하게 된다. 그렇지만 다음 날 '1억 원이 생겼다'라고 한다면, 그러한 마음은 깨끗이 사라진다.

무슨 말인가 하면, 이와 같은 것을 단기간이 아니라, 장기적으로 생각하면 좋다. '1억 원의 손해를 봤다. 그런데 5년 후에는 2억 원이 들어왔다'라는 미래가 있으면, 돈을 잃어버리고 5년간 낙담하였던 것이 바보 같다는 생각이 들 것이다.

'1억 원을 잃어버렸다. 20년 후에 10억 원이 들어왔다'고 한다면, 20년간 고민하고 있었던 것이 의미 없는 일이라는 것이다.

필자는 2012년 중의원 의원선거에 입후보하여 1억 2천만 원을 낭비하였다. 그렇지만, 선거 후에 '이시이 씨는 언젠가 국회의원이 될지도 모르는 작가다'라고 생각한 출판사가 지금까지 승인하지 않았던 출판기획을 통과시키겠다는 연락을 해왔다. 결국, 1년 만에 10종의 책을 출판하게 되어 잃어버렸던 1억 2천만 원을 만회할 수 있었다.

짜증난다는 것은 '이후에 좋은 일이 일어날 때까지의 일시적인 상태'이다.

영원히 지속되는 짜증나는 일이 있다면 낙담해야 할지도 모르겠지만, 일시적인 상태라면 언젠가 짜증나는 일은 잊을 수 있다.

왕따를 당한다

‘왕따를 당해서 괴롭다’라는 사람도 있을 것이다. 중고생 간 왕따도 있을 것이고, 사회인이 되어도 왕따는 있다. 왕따는 괴롭히는 사람에게 죄가 있는 것은 확실하지만, 실제로는 환경문제로 인한 경우가 많다.

학교에서 어째서 왕따가 일어나는가 하면, 35~40명 정도가 폐쇄적인 공간에 있기 때문이다. 쥐를 사용한 실험에서도 40마리 정도를 동일한 공간에 가두어 두면, 스트레스로 반드시 공격하는 쥐와 공격을 받는 쥐가 나타난다고 한다. 반대로 100명 가까운 사람이 모이는 개방적인 공간에서는 왕따를 말리는 사람이 나오는가 하면, 괴롭힘을 당하는 측도 집단으로 뭉칠 수 있기 때문에 왕따가 없어진다.

학교의 왕따를 없애는 방법은 간단하다.

이 정도의 조치만 취해도 학교에서 왕따는 없어진다.

35명 정도의 인원으로 고정 멤버가 모이는 공간을 없애면 왕따는 없어진다. 대기업에서도 부서와 지사를 기준으로 하면 인원수가 35명 정도가 되는 경우가 많으므로, 왕따가 발생하기 쉬운 환경이라고 한다.

'죄는 미워해도 사람을 미워하지 마라'라는 말이 있지만, 왕따는 원래 폐쇄된 공간을 만들기 때문에 일어나는 현상으로, 폐쇄된 공간이 아니면 일어나지 않는다.

400명 정도가 한 교실에서 수업을 받는 학원에서는 왕따가 일어나지 않고, 200명 가까운 학생이 함께 수업을 받는 대학의 강의실에서도 왕따는 좀처럼 발생하지 않는다.

왕따의 가해자나 피해자는 '35~40명으로 구성된 폐쇄공간에서 일어나는 현상이다'라고 생각한다면, 자신을 객관시할 수 있다.

그런 후에 피할 것인가, 피하지 않을 것인가는 당신이 정할 수 있다.

회사에서의 왕따라면 어떻게 할 것인지는 당신이 결정하면 된다. '급료를 받고 있으니 피할 수 없다'라는 것은 당신이 급료를 받기 위해서 참는 인생을 선택하고 있는 것일 뿐이다.

학교에서의 왕따라면 당신은 미성년이므로 혼자 고민하는 것은 잘 못이다. 어떻게 할 것인가에 대한 판단은 부모가 내려야 한다. 전학을 갈 것인지, 경찰에 신고할 것인지, 학교를 상대로 소송을 할 것인지, 당신의 부모에게 모두 책임을 전가하기 바란다. 고민을 해야 하는 것은 부모이며, 왕따를 당하고 있는 자신을 탓하는 것은 잘못된 것이다.

지금은 괴롭히는 사람에게도 리스크가 있다. 실명이 인터넷상에 노출될지도 모르며, 사진이 인터넷상에 노출될 수도 있다. 또한, 당신을 괴롭힌 사람에게 보복을 할 수도 있지만 이때에는 입장이 바뀌어 당신이 괴롭힌 가해자가 될 수도 있다.

부모에게 맡길 수 없고, 학교 선생님에게도 맡겨 둘 수 없다면, 변호사나 경찰에게 맡기는 등 짜증나는 일은 '짜증나는 일을 해결해주는 전문가'에게 맡기면 된다. 스스로 해결할 수 있는 고민은 스스로 해결해야 하지만, 스스로 해결할 수 없는 고민이라면 타인에게 의

지한다고 해도 누구도 탓하지 않을 것이다.

속아서 사기를 당했다

보이스 피싱을 없애는 방법은 간단하다. 보이스 피싱이 발생하면 손해금액을 은행이 절반, 경찰이 절반 지불한다는 법률이 생기면 된다.

안심하고 살 수 있는 사회를 만들지 못하고 사기꾼을 방치하는 경찰도 나쁘고, 나쁜 사람의 신원조사를 충분히 하지 않고 계좌를 개설해준 은행에도 실수가 있기 때문이다. 유감스럽지만 이렇게 주장해도 이러한 법률을 입법화할 수 없는 이상, 스스로 자신을 사기꾼으로부터 방어할 수밖에 없다.

필자 자신도 각각 7천만 원, 3천5백만 원, 2백만 원 총 세 번의 사기를 당한 적이 있다.

'이 사람이라면 신뢰할 수 있다'라고 생각했는데 믿는 도끼에 발등을 찍힌 것이다. 하지만 자신이 사기를 당했다고 하더라도 다른 사람을 속이는 입장이 되어서는 안 된다. 다시 말해 '자신만 속고 끝낸다'라는 것이 정답이다.

수상쩍은 다단계 마케팅(네트워크 비즈니스)은 '친구에게 권유하면 당신에게 수입이 생긴다'라며 유혹한다. 하지만 '이 상품을 사람들에게 권유하기만 해도 돈을 벌 수 있다'라는 말에 속으면 당신이 친구에게 상품을 권하는 순간 당신은 사기의 피해자가 아니라, 사기에 가담한 또 다른 가해자가 된다. 다단계 판매는 피해자를 가해자로 만들어가는 구조로 되어 있으므로 쉽게 적발되지 않는다.

'나는 속았다! 하지만 그 이상으로 남을 속였다'라는 상황이 되면, 피해자도 가해자가 되므로 호소할 수 없게 된다. 자신이 사기 피해를 당했으면, 피해를 자신의 선에서 끝내는 것이 우선적으로 당신이 해야 할 일이다(왕따에 있어서도 자신이 피해를 입는 것으로 끝내고, 가해자가 되지 않는 것이 중요하다). 그리고 '사탕발린 말에 속았다. 손쉽게 돈 벌 수 있는 방법은 없다'라는 교훈을 얻기 위한 비용을 지불하였다고 체념할 수밖에 없다.

사기를 당했다면, 두 번 다시 되풀이하지 않기 위한 규칙을 정할 좋을 기회이다.

다시 말하지만 필자는 과거에 7천만 원과 3천5백만 원의 사기를 당했다. 전자는 정확히 말하면 필자가 직접 당한 것이 아니라, 사원이 사기를 당한 케이스이다. 그리고 후자는 필자가 직접 사기를 당했다.

이 2가지의 공통점은

   1) 영업전화가 걸려와서 전화를 받았다
   2) 상대 세일즈맨은 매우 좋은 사람이었다

라는 점이었다.

영업전화 중에는 상대에게 메리트가 있고, 동시에 자신에게도 메리트가 있는 거래는 별로 없다. 그래서 우리 회사에서 정한 규칙은

   1) 유선전화 회선을 가설하지 않는다
   2) 영업전화가 걸려오면 아무 말하지 않고 끊는다

라는 규칙이다.

영업전화는 유선전화를 사용하고 있으면, 수단과 방법을 가리지 않고 전화번호를 알아 걸어온다. 유선전화가 없으면 영업전화가 걸려올 확률은 훨씬 줄어든다. 휴대전화로 영업전화가 걸려오면 '무례하거나 너무한다고 생각하든 말든, 상대방이 말을 하기도 전에 끊는다'라는 규칙을 정해두면 좋을 것이다.

그 덕분에 이후에는 사기를 당하지 않게 되었다.

…라고 이 원고를 쓰고 있는 이 순간에도 휴대전화로 영업전화가 걸려왔다.
대단한 우연이다. 물론 아무 말도 하지 않고 끊었다.

규칙은 지금 이 순간도 관철하고 있다.
'상대에게 미안하다!'라는 기분은 전혀 들지 않았다. 그보다는 '아주 좋은 규칙을 만들었어. 지금도 잘 지키고 있다!'라는 자기 긍정감이 들었다.
그건 그렇고 이야기를 다시 되돌리자. 사기를 당하지 않기 위한 대책으로 규칙을 만드는 것도 중요하지만 자신의 취약점을 아는 것도 중요하다. 속는 케이스는 사람에 따라서 다르다.

여성에게 잘 속는 사람이 있는가 하면, '이렇게 하면 이득을 본다'라는 말에 잘 속는 사람도 있다. '다단계 판매에 자주 속는 편인데, 지금 5번째 다단계 판매이지만, 이번이야말로 좋은 다단계이다'라는 사람도 있다. 이 사람은 다단계에 잘 속는다는 특징을 가지고 있다. 정보에 속는 사람은 또다시 정보에 속게 되고, 보이스 피싱에 당한 사람은 또다시 보이스 피싱에 속는다. 결혼 사기를 당하는 사람은 보이스 피싱에는 속지 않지만, 또다시 결혼 사기에 속는 경향이 있다.

속았다면 두 번 다시 속지 않기 위한 규칙을 만들 찬스이다.
자신만이 잘 속는 패턴을 발견하고, 두 번 다시 속지 않도록 하면 되는 것이다.

성가신 인간관계 때문에 진절머리가 난다면

인간관계의 고민에는 2가지 종류가 있다.

① 모르는 사람과의 인간관계
② 알고 있는 사람과의 인간관계

모르는 사람과의 인간관계란 오늘 처음 만나고, 앞으로 두 번 다시 만나지 않을 사람과의 인간관계를 말한다. 이번에 이 책을 쓰면서 '당신에게 있었던 짜증나는 일을 적어 주세요'라는 조사를 했다.
가장 많았던 대답이 무엇이라고 생각하는가?
필자가 예상했던 것은 '상사와의 인간관계'가 첫 번째일 것이라고 생각하고 있었는데 대답은 뜻밖의 결과였다.

【1위】바로 옆에서 모르는 사람이 담배를 피워서 간접흡연을

했다(담배 꽁초를 함부로 버리는 것이 싫다. 흡연 매너가 나쁘다)

【2위】지하철 안에서 휴대전화로 큰 소리로 이야기하는 사람을 보았다(걸으면서 스마트폰을 보고 있는 사람이 싫다. 스마트폰 사용 매너가 나쁘다)

아는 사람과의 인간관계가 싫다는 고민보다는 '전혀 모르는 사람과의 인간관계로 짜증나는 일이 발생하는 것'이 대부분이었던 것이다.

모르는 사람은 타인이므로 신경 쓰지 않는다

흡연 매너가 나쁜 사람은 유감스럽게도 상당히 많다. 한 달에 한 번쯤은 꽁초를 함부로 버리는 사람을 보기도 하고, 길을 가다보면 걸으면서 담배를 피우는 사람도 있다.

필자는 대학생 때부터 7년간 담배를 피웠는데, 방송국에 입사하고 4년 차에 금연을 했다. 당시 텔레비전 방송국 등의 매스컴 업계에서는 흡연자가 많았다. 담배를 피웠을 때에는 회사와 친숙해지려고 노력하였지만, 담배를 끊은 순간부터는 회사사람들과 친숙해지고 싶어하지 않는 자신을 발견하였다. 담배를 끊고 나서 사람들이 담배를 피우는 것이 견딜 수 없게 되었다. 그 당시 '내가 있을 곳은 여기가 아니다. 내가 회사를 창업하면 흡연자를 고용하지 않고 금연 회사를 만들고 싶다'라는 생각도 하였다.

거부하는 것은 아니지만, 지금 회사에는 손님으로도 담배를 피우는 사람은 거의 오지 않게 되었다. 손님이 30명 정도 모여도 담배를 피우는 사람은 한 사람도 없다.

사람은 같은 파장을 보내는 부류끼리 모인다. 당신이 '흡연 매너가 나쁜 사람이 싫다'라고 생각한다면, 그런 사람과는 친구조차 되지 않게 된다. 흡연 매너가 나쁜 사람끼리 모이므로 당신과는 다른 집단이다. 그들도 당신과 동료가 되기를 바라지는 않는다.

스마트폰 매너가 나쁜 사람들도 같은 사람들끼리 모인다. 카페에서 남성도 스마트폰을 만지작거리고, 여성도 스마트폰을 만지작거리는 커플을 본 적이 있을 텐데, 그 이유 또한 서로가 같은 가치관을 가지고 있는 집단을 만들기 때문이다.

모르는 사람들에 대해 싫다는 생각이 든다면 '그들은 그들과 같은 가치관을 가지고 있는 사람들끼리 모이고, 자신과는 파장이 다르기 때문에 사귈 생각은 없다'라고 생각하면 된다.

세련된 사람은 세련된 사람끼리 사이가 좋아지고, 멋에 신경 쓰지 않는 사람은 그런 사람들끼리 모인다.
좋고 나쁘다는 판단을 내리지 말고 '자신과 다른 부류의 사람도 있고, 자신과 같은 부류의 사람도 있다'라는 식으로 생각하자.

학생들도 반드시 유명 학원, 유명 강사만 선호하는 건 아니다. 대형 학원에서 경쟁을 이겨 낸 유명 강사가 제일 좋다는 사람이 있는가 하면, 특별히 트레이닝을 받지 않은 대학생 가정교사가 좋다는 사람도 있다.
온라인교육으로 얼굴노 본 적도 없는 강사에게 첨삭지도를 받는 사람이 있는가 하면, 동영상수업으로 편한 시간에 원하는 수업을 받고 싶다는 사람도 있다. 오프라인교육이 최선이고, 온라인교육은 최악이라는 식으로 사물을 선악으로 나누는 것은 무의미하다. 오프라인을 좋아하는 사람이 있는가 하면, 온라인을 좋아하는 사람도 있다. 오프라인과 온라인 양쪽 모두를 받아들이는 사람이 있는가 하면, 어느 한쪽만 선호하는 사람도 있다. 오프라인이 80퍼센트, 온라인이 20퍼센트인 방법을 선호하는 사람이 있는가 하면, 선호도가 오프라인이 35퍼센트, 온라인이 65퍼센트인 사람도 있다.

이처럼 큰 범위에서 같은 취향이더라도 단계적 변화gradation가 있다고 한다면, 상대가 0인지 100인지도 판단할 수 없다. 다만, 같은 부류의 사람이 모인 것이라는 생각이 들어도, 짜증나는 상대가 있다면 '나와는 다르니 상관이 없다'라고 생각할 수 있다. 그러면 짜증나는 기분을 가라앉힐 수 있을 것이다.

우리가 무슨 생각을 하느냐가
우리가 어떤 사람이 되는지를 결정한다.

• 오프라 윈프리

'자신이 싫다'는 사람에게

스마일

인생은 포커 게임이다

상대방이 싫어서가 아니라, 자신이 싫어서 낙담하는 사람이 있다.

'왜 이렇게 네거티브한 생각밖에 할 수 없을까?'라며 자신을 탓하는 사람이 있는가 하면, '나는 왜 이렇게 뚱뚱할까?'라며 자신의 체형을 용납하지 못하는 사람도 있다. '이런 얼굴로 태어나지 않았으면 좋았을 텐데'라며 얼굴이 마음에 들지 않는다고 생각하는 사람도 있을 것이다.

성실한 사람은 특히 자신을 탓하기 쉽다. 그렇지만 인생은 포커와 같다. 주어진 카드로 승부할 수밖에 없다.
선천적으로 잘난 사람이 있는가 하면, 태어날 때부터 부족한 면이 있는 사람도 있다. 나누어진 카드의 조건이 어쩌다 좋을 뿐이다.

'얼굴은 잘생겼지만 집이 가난하다'라는 카드를 받은 사람이 있는가 하면 '운동신경은 나쁘지만 머리는 좋다'라는 카드를 받은 사람도 있다. '그런데 나한테는 좋은 카드가 한 장도 없다'는 사람도 있을 것인데 이 경우에는 '얼굴이 잘 생긴 것도 아니고, 빚만 있다'라는 카드가 처음에 주어졌을 뿐이다.

중요한 것은 '이후에 어떻게 할 것인가?'이다.
선천적으로 미인이라고 해도, 여배우가 되는 사람이 있는가 하면 20살에 아이를 낳아 주부가 되는 사람도 있다. 운동신경이 매우 뛰어나도 농구선수가 되는 사람이 있는가 하면, 야구선수가 되는 사람도 있다. 운동신경이 너무 좋아서 연습을 열심히 하다가 부상을 당했다. 그래서 선수생활을 은퇴하지 않으면 안 되는 사람도 있다.

'자신이 싫다'라는 사람은 태어났을 때에 주어진 카드에 지나치게 집착한다.
하지만 반대로 '얼굴이 잘 생긴 것도 아니고 인기도 없으니 사업가가 되어 천억 원쯤 벌어야겠다. 회사를 창업하자'라고 주어진 카드가 아니라 주어질 카드를 만들 수도 있다.

인생에서 정말로 중요한 것은 태어날 때 주어진 카드가 아니라, 그 이후의 행동이다.

자신에게 주어진 카드를 잠시 응시하고 그 다음의 나아갈 방향으로 행동해야 성공할 수 있다.

주어진 카드는 사람마다 제 각각이다. '미인이지만 빚 투성이'라는 사람이 있는가 하면 '미인은 아니지만, 천억 원의 자산가 집에서 태어났다'고 하는 사람도 있다는 것이다.

다시 한 번 말하지만, 중요한 것은 '주어진 카드를 바탕으로 무엇을 할까'하는 행동부분이다.

10점 만점에서 지금 몇 점인지를 생각한다

'돈이 없어서 낙담하고 있다'는 사람이 있다. 이 경우에는 낙담하지 않는 방법이 있다.

① 지금 10점 만점에서 몇 점인가?

② 무엇을 하면 1점씩 높일 수 있는가?

이 2가지를 생각하는 것이다.

'돈이 없으니까 지금은 0점이다'라는 사람이 있다. 하지만 그 사람은 저금이 0원인 것뿐이지, 사실은 0점이 아니라 5점 정도는 될 것이다. 왜냐하면 빚이 천만 원 혹은 5천만 원이 되는 사람도 있기 때문이다.

빚은 있지만 아직 블랙리스트에 오르지 않아서 앞으로 천만 원은 빌릴 수 있다면 3점은 될 것이다. 그리고 빚은 있지만 빚쟁이가 매일같이 받으러 오지 않는다면, 그 정도는 2점은 될 것이다. '앞으로 1개월 이내에 자기파산을 해야 한다'라는 경우에도 채무청산을 위해서 변호사를 찾았다면, 그것만으로도 1점을 주어도 괜찮을지도 모른다. 0점은 빚이 있어 딸이 인질로 잡혔는데도, 경찰에 연락할 수 없는 케이스 정도이다.

이렇게 생가한다면, 객관적으로 보더라도 저금이 0원이라는 것은 10점 만점 중 5점을 주어도 좋지 않을까 한다.

저금이 0원인 가구는 전체의 30퍼센트 정도라고 한다. 이 말은 '저금이 없어서 어떻게 하지'라고 해도, 30퍼센트의 사람이 같은 고민을 공유하고 있다고 할 수 있다. 길을 걷고 있는 10명에게 돌을 던지면, 3명은 저금이 0원이므로, 당신은 10점 만점 중에 5점이라고 생각해도 된다. 저금이 천만 원이 아니라 2천만 원이라고 해도, 점수가 플러스되는 것은 아니다. 저금이 천만 원이 아니라, 1억 원이라고 해도 행복이 10배가 된다고는 할 수 없다. '저금이 0원은 10점 만점 중 5점이다'에서 스타트한다고 하면, 현재 당신의 금전 상황은 10점 만점 중 몇 점인가?

이렇게 객관적으로 점수화해 '지금의 고민은 10점 중 8점이다'라고 냉정하게 분석한다면 고민이 줄어든다.

'애인에게 차였다'라는 것도, 사귀고 한 달 만에 차인 것과 사귀고 10년 만에 차인 것과는 대미지가 다르다. 정말 좋아하는 사람에게 차인 것과 별로 좋아하지 않는 사람에게 차인 것에는 10점 만점에서 득점이 달라진다. 결혼식 당일에 친지가 모두 모여 있는데 갑자기 도망가는 것과, 약혼을 파기당하는 것은 충격은 전혀 다르다. 실연당했을 때에는 지금의 연애상황은 10점 만점에서 몇 점인지를 생각해보라.

무엇이 있으면 1점이 플러스가 되고, 또 무엇이 있으면 추가로 1점이 플러스가 되는지를 생각해간다면, 당신의 현재 상황은 0점도 아니고, 10점도 아니라는 것을 알 수 있다.

좋은 일이 있어도 좀처럼 10점 만점은 되지 않으며, 마찬가지로 짜증나는 일이 있어도 0점이 되는 일은 좀처럼 없다.

잊고 싶은 일이 있다면 바로 행동으로 옮기자

머릿속에서 지워버리고 싶은 일이 생기면 그 후에 무엇을 할 것인가를 정해둠으로써 1분 이내에 마음을 회복할 수 있다. 그렇지 않다면? 바로 낙담하며 무너질 따름이다.

정리해고 된다고 하면, 그날로 고용지원센터에 가야 한다. '왜 내가 해고된 거야?'라고 화만 내며, 아무것도 행동으로 옮기지 않는다면 낙담한다.

낙담하는 사람과 그렇지 않는 사람의 차이는 문제를 마주친 다음의 액션이 정해져 있는가 여부일 것이다. 여자친구에게 차여도 '그럼, 이렇게 해보자'라고 다음 행동을 개시하는 순간, 어두운 기분은 사라진다.

지워버리고 싶은 기억은 누구에게든 있다. 다만, 그 후에 아무런 행동도 하지 않고 낙담한다든가, 어떠한 액션을 취해서 낙담을 하지 않든가 2가지 선택사항이 있을 뿐이다.

석가모니의 말씀 중에 '제1의 화살과 제2의 화살'이라는 이야기가
있다.

당신이 걷고 있을 때, 화살이 날아 와서 당신의 다리에 박혔다고 하
자. '도대체 누가 나에게 화살을 쏜 거야!'라고 범인찾기를 하고 있
을 틈이 있다면, 박혀 있는 화살을 뽑는 행동으로 먼저 옮기는 편이
좋을 것이다. '어째서 내가 화살에 맞았는가?'라는 이유를 생각하고
있을 틈이 있으면, 당장 화살을 뽑는 편이 상처를 빨리 아물게 한다.
'범인을 찾아보거나, 왜 이렇게 되었는가'라는 원인을 찾기보다는
'화살을 뽑는다'라는 행동을 먼저 취한다면 상처를 최소화할 수 있
을 것이다.

짜증나는 일, 괴로운 일은 제1의 화살이다.
살아있는 이상 없을 수는 없다.

1분 이내에 화살을 뽑는다

60s
O

X

중요한 것은 제2의 화살이다.

1분 이내에 화살을 뽑으면 문제가 해결된다. 하지만 ‘나는 미움을 받고 있을지도 모른다’ ‘나는 운이 없는 것이 아닐까’ 하고 제멋대로 생각해버리고 자기 자신에게 제2의 화살을 쏘는 사람이 의외로 많다.

잊고 싶은 일이 있었을 때에 당신이 해야 할 일.

그것은 1분 이내에 화살을 뽑는 것이다.

화살을 뽑는 순간, 당신은 행복으로 한 걸음 다가가게 된다.

나를 가볍게 해주는 1분 망각 긍정 심리학

잊고 사는 것의
홀가분

초판 인쇄 2017년 10월 30일
초판 발행 2017년 11월 1일

지은이 이시이 다카시
옮긴이 윤미란
펴낸이 김철종
책임편집 김성은
마케팅 오영일
인쇄제작 정민문화사

펴낸곳 한언
출판등록 1983년 9월 30일 제1-128호
주소 03146 서울시 종로구 삼일대로 453(경운동) KAFFE빌딩 2층
전화번호 02) 701-6911 **팩스번호** 02) 701-4449
전자우편 haneon@haneon.com **홈페이지** www.haneon.com

ISBN 978-89-5596-823-1 13190

이 도서의 국립중앙도서관 출판예정도서목록(CIP)은
서지정보유통지원시스템 홈페이지(http://seoji.nl.go.kr)와 국가자료공동목록시스템
(http://www.nl.go.kr/kolisnet)에서 이용하실 수 있습니다.(CIP제어번호: CIP2017027296)